John Write

일러두기

1. 본서는 NIV®(New International version)를 채택하여 필사할 수 있도록 한글(개역개정)과 함께 구성했습니다.
2. 한글 성경은 (재)대한성서공회가 발행한 『성경전서 개역개정판』을 사용하였습니다.
3. '영어성경 요한복음.쓰다'는 만년필 사용이 가능한 친환경 종이를 사용하였습니다.

Jn.

NIV®

John Write

영어성경 요한복음.쓰다

에이프릴지저스

요한복음 말씀

예수님이 그리스도이심을 믿고 우리로 하여금 생명을 얻게 하려고 기록한 복음 전도서입니다.

2000년 전 갈릴리에서 활동하셨던 한 목수의 아들 예수가 바로 약속된 메시야요, 하나님의 아들이라는 것이 요한복음 전체에 면면히 흐르고 있습니다.

요한복음에서 고난은 부활과 영광을 동반합니다. 공관복음서의 예수님이 고난을 앞두고 심한 고민과 갈등 속에서 기도하신 후 받아들이셨던 것과 달리 요한복음의 예수님은 고난을 향해 적극적으로 나아가십니다.

또한, 요한복음의 기독론으로 알려진 7개의 "나는 …이요"라는 표현의 유명한 문장은 예수님이 하나님 되심을 증명하기 위해 자주 사용되었습니다. 이는 예수님이 누구신지를 알고 우리가 믿고, 영생을 얻게 하려는 것입니다.

요한복음의 기독론

1. 나는 생명의 떡이요
2. 나는 세상의 빛이요
3. 나는 양의 문이요
4. 나는 선한 목자요
5. 나는 부활, 생명이요
6. 나는 길, 진리, 생명이요
7. 나는 포도나무요

필사하기 전에

1. 필사를 시작하기 전에 기도하세요.
   주기도문! 사도신경으로 신앙고백을 하며 마음가짐을 다져요.

2. 좌측의 성경 말씀을 천천히 한자 한자 정성껏 쓰면서 큰소리로 읽으세요. 눈, 입, 귀 세 감각이 영어를 접하고 익히게 됩니다. 영어 성경은 하나님 말씀과 영어를 동시에 배울 수 있어요. 한글과는 또다른 은혜가 부어질 것입니다.

3. 읽고, 필사한 말씀을 묵상하세요.
   필사한 내용을 묵상하며 오늘 나에게 주신 말씀을 삶에 적용해 보세요.

4. 필사 후 역사하실 하나님을 기대하며 기도로 마무리 합니다.

왜 모눈(그리드) 인가?

간격이 정해진 줄노트는 생각의 폭이 줄안에 갇힐수 있으므로 생각 확장이 제한됩니다. 공간 활용에 자유로운 모눈(grid)노트로 말씀에만 집중하며 나의 글씨 크기대로 자유롭게 필사하세요.
남는 여유 공간에는 주신 말씀 또는 암송하고 싶은 말씀을 반복해서 써보세요.

필사라는 가장 적극적인 성경읽기를 통해, 말씀이 살아 움직임을 느끼고 삶의 변화까지 선물 받는 놀라운 필사의 경험을 스스로에게 선물하기를 바랍니다.

Contents

가장 적극적인 성경읽기는 필사입니다 !

WRITER :

START DATE :

COMPLETE DATE :

The Lord's Prayer

Our Father in heaven,
hallowed be your name,
your kingdom come, your will be done
on earth as it is in heaven.
Give us today our daily bread.
Forgive us our debts,
as we also have forgiven our debtors.
And lead us not into temptation,
but deliver us from the evil one.
(For yours is the kingdom and the power,
and the glory, forever, Amen.)

Matthew 6:9-13

The Lord's Prayer

The Apostles'creed

I believe in God the Father Almighty,
maker of heaven and earth;
And in Jesus Christ, his only Son our Lord:
who was conceived by the Holy Spirit, born of the Virgin Mary,
suffered under Pontius Pilate, was crucified, dead, and buried;
he descended into hell,
the third day he rose again from the dead;
he ascend into heaven,
and sitteth on the right hand of God the Father Almighty;
from thence he shall come to judge the quick and the dead.
I believe in the Holy Spirit, the holy universal church,
the communion of saints,
the forgiveness of sins,
the resurrection of the body,
and the life everlasting. Amen.

The Apostles'creed

미리보는 어휘

1장

testify 증언하다
concerning …에 관한
recognize 알아보다
dwell …에 살다
priest 제사장
confess 고백하다
freely 거리낌 없이
prophet 선지자
wilderness 광야
baptize 세례를 주다
untie 풀다
surpass …보다 낫다
reveal 드러내다
dove 비둘기
disciple 제자
translate 번역하다
approach 다가가다
deceit 속임, 허위
fig 무화과

2장

involve 연루시키다
servant 신하, 종
jar 항아리
ceremonial 의식의
banquet 연회
whip 채찍
scatter 흩뿌리다
consume 사로잡히다
overturn 뒤엎다
responded 응답하다
authority 권위
destroy 허물다
scripture 성경
perform 행하다
entrust 맡기다
mankind 인류

3장

ruling 지배하다
council 회의
womb 자궁
blow 불다
eternal 영원히
perish 죽다
condemn 유죄 판결을 하다
verdict 평결
deed 행위
expose 드러내다
plainly 명백히
countryside 시골
argument 논쟁
bridegroom 신랑
testimony 증언
wrath 분노
lift up 들어올리다

PART
1
01-05

4장

plot 작은 땅
journey 여행
draw 물을 긷다
associate 교제하다
livestock 시골
thirsty 목마른
ancestor 조상
salvation 구원
declare 선언하다
meanwhile …동안
urge 열심히 권하다
harvest 추수하다
sower 파종자
benefit 이익
Passover 유월절
exact 정밀한
household 가정

5장

colonnade 주랑(柱廊)
surround 둘러싸다
have no idea 모르다
disabled 장애의
lame 절름발이의
paralyzed 마비된
stir 움직이다
forbid 금하다
persecute 핍박하다
Sabbath 안식일
defense 맡기다
judge 심판하다
grave 무덤
mention 언급하다
diligently 부지런히
refuse 거절하다
accuse 고발하다

John 1

The Word Became Flesh

1 In the beginning was the Word, and the Word was with God, and the Word was God.

2 He was with God in the beginning.

3 Through him all things were made; without him nothing was made that has been made

4 In him was life, and that life was the light of all mankind.

5 The light shines in the darkness, and the darkness has not overcome it.

6 There was a man sent from God whose name was John.

7 He came as a witness to testify concerning that light, so that through him all might believe.

8 He himself was not the light; he came only as a witness to the light.

9 The true light that gives light to everyone was coming into the world.

10 He was in the world, and though the world was made through him, the world did not recognize him.

11 He came to that which was his own, but his own did not receive him.

1 태초에 말씀이 계시니라 이 말씀이 하나님과 함께 계셨으니 이 말씀은 곧 하나님이시니라 2 그가 태초에 하나님과 함께 계셨고 3 만
물이 그로 말미암아 지은 바 되었으니 지은 것이 하나도 그가 없이는 된 것이 없느니라 4 그 안에 생명이 있었으니 이 생명은 사람들의
빛이라 5 빛이 어둠에 비치되 어둠이 깨닫지 못하더라 6 하나님께로부터 보내심을 받은 사람이 있으니 그의 이름은 요한이라 7 그가
증언하러 왔으니 곧 빛에 대하여 증언하고 모든 사람이 자기로 말미암아 믿게 하려 함이라 8 그는 이 빛이 아니요 이 빛에 대하여 증언
하러 온 자라 9 참 빛 곧 세상에 와서 각 사람에게 비추는 빛이 있었나니 10 그가 세상에 계셨으며 세상은 그로 말미암아 지은 바 되었
으되 세상이 그를 알지 못하였고 11 자기 땅에 오매 자기 백성이 영접하지 아니하였으나

1 2 3 4 5 6 7 8 9 10 11 12 13 14 15 16 17 18 19 20 21

DATE . . .

12 Yet to all who did receive him, to those who believed in his name, he gave the right to become children of God—

13 children born not of natural descent, nor of human decision or a husband's will, but born of God.

14 The Word became flesh and made his dwelling among us. We have seen his glory, the glory of the one and only Son, who came from the Father, full of grace and truth.

15 (John testified concerning him. He cried out, saying, "This is the one I spoke about when I said, 'He who comes after me has surpassed me because he was before me.' ")

16 Out of his fullness we have all received grace in place of grace already given.

17 For the law was given through Moses; grace and truth came through Jesus Christ.

18 No one has ever seen God, but the one and only Son, who is himself God and is in closest relationship with the Father, has made him known.

John the Baptist Denies Being the Messiah

19 Now this was John's testimony when the Jewish leaders in Jerusalem sent priests and Levites to ask him who he was.

20 He did not fail to confess, but confessed freely, "I am not the Messiah."

21 They asked him, "Then who are you? Are you Elijah?" He said, "I am not." "Are you the Prophet?" He answered, "No."

12 영접하는 자 곧 그 이름을 믿는 자들에게는 하나님의 자녀가 되는 권세를 주셨으니 13 이는 혈통으로나 육정으로나 사람의 뜻으로 나
지 아니하고 오직 하나님께로부터 난 자들이니라 14 말씀이 육신이 되어 우리 가운데 거하시매 우리가 그의 영광을 보니 아버지의 독
생자의 영광이요 은혜와 진리가 충만하더라 15 요한이 그에 대하여 증언하여 외쳐 이르되 내가 전에 말하기를 내 뒤에 오시는 이가 나
보다 앞선 것은 나보다 먼저 계심이라 한 것이 이 사람을 가리킴이라 하니라 16 우리가 다 그의 충만한 데서 받으니 은혜 위에 은혜러라
17 율법은 모세로 말미암아 주어진 것이요 은혜와 진리는 예수 그리스도로 말미암아 온 것이라 18 본래 하나님을 본 사람이 없으되 아
버지 품 속에 있는 독생하신 하나님이 나타내셨느니라 19 유대인들이 예루살렘에서 제사장들과 레위인들을 요한에게 보내어 네가 누
구냐 물을 때에 요한의 증언이 이러하니라 20 요한이 드러내어 말하고 숨기지 아니하니 드러내어 하는 말이 나는 그리스도가 아니라 한
대 21 또 묻되 그러면 누구냐 네가 엘리야냐 이르되 나는 아니라 또 묻되 네가 그 선지자냐 대답하되 아니라

1 2 3 4 5 6 7 8 9 10 11 12 13 14 15 16 17 18 19 20 21

DATE . . .

22 Finally they said, "Who are you? Give us an answer to take back to those who sent us. What do you say about yourself?"

23 John replied in the words of Isaiah the prophet, "I am the voice of one calling in the wilderness, 'Make straight the way for the Lord.' "

24 Now the Pharisees who had been sent

25 questioned him, "Why then do you baptize if you are not the Messiah, nor Elijah, nor the Prophet?"

26 "I baptize with water," John replied, "but among you stands one you do not know.

27 He is the one who comes after me, the straps of whose sandals I am not worthy to untie."

28 This all happened at Bethany on the other side of the Jordan, where John was baptizing.

John Testifies About Jesus

29 The next day John saw Jesus coming toward him and said, "Look, the Lamb of God, who takes away the sin of the world!

30 This is the one I meant when I said, 'A man who comes after me has surpassed me because he was before me.'

31 I myself did not know him, but the reason I came baptizing with water was that he might be revealed to Israel."

32 Then John gave this testimony: "I saw the Spirit come down from heaven as a dove and remain on him.

22 또 말하되 누구냐 우리를 보낸 이들에게 대답하게 하라 너는 네게 대하여 무엇이라 하느냐 23 이르되 나는 선지자 이사야의 말
과 같이 주의 길을 곧게 하라고 광야에서 외치는 자의 소리로라 하니라 24 그들은 바리새인들이 보낸 자라 25 또 물어 이르되 네
가 만일 그리스도도 아니요 엘리야도 아니요 그 선지자도 아닐진대 어찌하여 세례를 베푸느냐 26 요한이 대답하되 나는 물로 세례
를 베풀거니와 너희 가운데 너희가 알지 못하는 한 사람이 섰으니 27 곧 내 뒤에 오시는 그이라 나는 그의 신발끈을 풀기도 감당하
지 못하겠노라 하더라 28 이 일은 요한이 세례 베풀던 곳 요단 강 건너편 베다니에서 일어난 일이니라 29 이튿날 요한이 예수께서
자기에게 나아오심을 보고 이르되 보라 세상 죄를 지고 가는 하나님의 어린 양이로다 30 내가 전에 말하기를 내 뒤에 오는 사람이
있는데 나보다 앞선 것은 그가 나보다 먼저 계심이라 한 것이 이 사람을 가리킴이라 31 나도 그를 알지 못하였으나 내가 와서 물로
세례를 베푸는 것은 그를 이스라엘에 나타내려 함이라 하니라 32 요한이 또 증언하여 이르되 내가 보매 성령이 비둘기 같이 하늘
로부터 내려와서 그의 위에 머물렀더라

1 2 3 4 5 6 7 8 9 10 11 12 13 14 15 16 17 18 19 20 21

DATE . . .

33 And I myself did not know him, but the one who sent me to baptize with water told me, 'The man on whom you see the Spirit come down and remain is the one who will baptize with the Holy Spirit.'

34 I have seen and I testify that this is God's Chosen One."

John's Disciples Follow Jesus

35 The next day John was there again with two of his disciples.

36 When he saw Jesus passing by, he said, "Look, the Lamb of God!"

37 When the two disciples heard him say this, they followed Jesus.

38 Turning around, Jesus saw them following and asked, "What do you want?" They said, "Rabbi" (which means "Teacher"), "where are you staying?"

39 "Come," he replied, "and you will see." So they went and saw where he was staying, and they spent that day with him. It was about four in the afternoon.

40 Andrew, Simon Peter's brother, was one of the two who heard what John had said and who had followed Jesus.

41 The first thing Andrew did was to find his brother Simon and tell him, "We have found the Messiah" (that is, the Christ).

42 And he brought him to Jesus. Jesus looked at him and said, "You are Simon son of John. You will be called Cephas" (which, when translated, is Peter).

33 나도 그를 알지 못하였으나 나를 보내어 물로 세례를 베풀라 하신 그이가 나에게 말씀하시되 성령이 내려서 누구 위에든지 머무
는 것을 보거든 그가 곧 성령으로 세례를 베푸는 이인 줄 알라 하셨기에 34 내가 보고 그가 하나님의 아들이심을 증언하였노라 하
니라 35 또 이튿날 요한이 자기 제자 중 두 사람과 함께 섰다가 36 예수께서 거니심을 보고 말하되 보라 하나님의 어린 양이로다
37 두 제자가 그의 말을 듣고 예수를 따르거늘 38 예수께서 돌이켜 그 따르는 것을 보시고 물어 이르시되 무엇을 구하느냐 이르되
랍비여 어디 계시오니이까 하니(랍비는 번역하면 선생이라) 39 예수께서 이르시되 와서 보라 그러므로 그들이 가서 계신 데를 보
고 그 날 함께 거하니 때가 열 시쯤 되었더라 40 요한의 말을 듣고 예수를 따르는 두 사람 중의 하나는 시몬 베드로의 형제 안드레
라 41 그가 먼저 자기의 형제 시몬을 찾아 말하되 우리가 메시야를 만났다 하고(메시야는 번역하면 그리스도라) 42 데리고 예수
께로 오니 예수께서 보시고 이르시되 네가 요한의 아들 시몬이니 장차 게바라 하리라 하시니라(게바는 번역하면 베드로라)

1 2 3 4 5 6 7 8 9 10 11 12 13 14 15 16 17 18 19 20 21

DATE . . .

Jesus Calls Philip and Nathanael

43 The next day Jesus decided to leave for Galilee. Finding Philip, he said to him, “Follow me.”

44 Philip, like Andrew and Peter, was from the town of Bethsaida.

45 Philip found Nathanael and told him, “We have found the one Moses wrote about in the Law, and about whom the prophets also wrote—Jesus of Nazareth, the son of Joseph.”

46 “Nazareth! Can anything good come from there?” Nathanael asked. “Come and see,” said Philip.

47 When Jesus saw Nathanael approaching, he said of him, “Here truly is an Israelite in whom there is no deceit.”

48 “How do you know me?” Nathanael asked. Jesus answered, “I saw you while you were still under the fig tree before Philip called you.”

49 Then Nathanael declared, “Rabbi, you are the Son of God; you are the king of Israel.”

50 Jesus said, “You believe because I told you I saw you under the fig tree. You will see greater things than that.”

51 He then added, “Very truly I tell you, you will see ‘heaven open, and the angels of God ascending and descending on’ the Son of Man.”

43 이튿날 예수께서 갈릴리로 나가려 하시다가 빌립을 만나 이르시되 나를 따르라 하시니 44 빌립은 안드레와 베드로와 한 동네 벳
새다 사람이라 45 빌립이 나다나엘을 찾아 이르되 모세가 율법에 기록하였고 여러 선지자가 기록한 그이를 우리가 만났으니 요셉
의 아들 나사렛 예수니라 46 나다나엘이 이르되 나사렛에서 무슨 선한 것이 날 수 있느냐 빌립이 이르되 와서 보라 하니라 47 예수
께서 나다나엘이 자기에게 오는 것을 보시고 그를 가리켜 이르시되 보라 이는 참으로 이스라엘 사람이라 그 속에 간사한 것이 없도다
48 나다나엘이 이르되 어떻게 나를 아시나이까 예수께서 대답하여 이르시되 빌립이 너를 부르기 전에 네가 무화과나무 아래에 있을
때에 보았노라 49 나다나엘이 대답하되 랍비여 당신은 하나님의 아들이시요 당신은 이스라엘의 임금이로소이다 50 예수께서 대답
하여 이르시되 내가 너를 무화과나무 아래에서 보았다 하므로 믿느냐 이보다 더 큰 일을 보리라 51 또 이르시되 진실로 진실로 너희
에게 이르노니 하늘이 열리고 하나님의 사자들이 인자 위에 오르락 내리락 하는 것을 보리라 하시니라

1 2 3 4 5 6 7 8 9 10 11 12 13 14 15 16 17 18 19 20 21

DATE . . . 20 | 21

John

2

Jesus Changes Water Into Wine

1 On the third day a wedding took place at Cana in Galilee. Jesus' mother was there,

2 and Jesus and his disciples had also been invited to the wedding.

3 When the wine was gone, Jesus' mother said to him, "They have no more wine."

4 "Woman, why do you involve me?" Jesus replied. "My hour has not yet come."

5 His mother said to the servants, "Do whatever he tells you."

6 Nearby stood six stone water jars, the kind used by the Jews for ceremonial washing, each holding from twenty to thirty gallons.

7 Jesus said to the servants, "Fill the jars with water"; so they filled them to the brim.

8 Then he told them, "Now draw some out and take it to the master of the banquet." They did so,

9 and the master of the banquet tasted the water that had been turned into wine. He did not realize where it had come from, though the servants who had drawn the water knew. Then he called the bridegroom aside

1 사흘째 되던 날 갈릴리 가나에 혼례가 있어•예수의 어머니도 거기 계시고 2 예수와 그 제자들도 혼례에 청함을 받았더니 3 포도
주가 떨어진지라 예수의 어머니가 예수에게 이르되 저들에게 포도주가 없다 하니 4 예수께서 이르시되 여자여 나와 무슨 상관이
있나이까 내 때가 아직 이르지 아니하였나이다 5 그의 어머니가 하인들에게 이르되 너희에게 무슨 말씀을 하시든지 그대로 하라
하니라 6 거기에 유대인의 정결 예식을 따라 두세 통 드는 돌항아리 여섯이 놓였는지라 7 예수께서 그들에게 이르시되 항아리에
물을 채우라 하신즉 아귀까지 채우니 8 이제는 떠서 연회장에게 갖다 주라 하시매 갖다 주었더니 9 연회장은 물로 된 포도주를 맛
보고도 어디서 났는지 알지 못하되 물 떠온 하인들은 알더라 연회장이 신랑을 불러

10 and said, "Everyone brings out the choice wine first and then the cheaper wine after the guests have had too much to drink; but you have saved the best till now."

11 What Jesus did here in Cana of Galilee was the first of the signs through which he revealed his glory; and his disciples believed in him.

12 After this he went down to Capernaum with his mother and brothers and his disciples. There they stayed for a few days.

Jesus Clears the Temple Courts

13 When it was almost time for the Jewish Passover, Jesus went up to Jerusalem.

14 In the temple courts he found people selling cattle, sheep and doves, and others sitting at tables exchanging money.

15 So he made a whip out of cords, and drove all from the temple courts, both sheep and cattle; he scattered the coins of the money changers and overturned their tables.

16 To those who sold doves he said, "Get these out of here! Stop turning my Father's house into a market!"

17 His disciples remembered that it is written: "Zeal for your house will consume me."

18 The Jews then responded to him, "What sign can you show us to prove your authority to do all this?"

10 말하되 사람마다 먼저 좋은 포도주를 내고 취한 후에 낮은 것을 내거늘 그대는 지금까지 좋은 포도주를 두었도다 하니라 11 예
수께서 이 첫 표적을 갈릴리 가나에서 행하여 그의 영광을 나타내시매 제자들이 그를 믿으니라 12 그 후에 예수께서 그 어머니와
형제들과 제자들과 함께 가버나움으로 내려가셨으나 거기에 여러 날 계시지는 아니하시니라 13 유대인의 유월절이 가까운지라 예
수께서 예루살렘으로 올라가셨더니 14 성전 안에서 소와 양과 비둘기 파는 사람들과 돈 바꾸는 사람들이 앉아 있는 것을 보시고
15 노끈으로 채찍을 만드사 양이나 소를 다 성전에서 내쫓으시고 돈 바꾸는 사람들의 돈을 쏟으시며 상을 엎으시고 16 비둘기 파
는 사람들에게 이르시되 이것을 여기서 가져가라 내 아버지의 집으로 장사하는 집을 만들지 말라 하시니 17 제자들이 성경 말씀
에 주의 전을 사모하는 열심이 나를 삼키리라 한 것을 기억하더라 18 이에 유대인들이 대답하여 예수께 말하기를 네가 이런 일을
행하니 무슨 표적을 우리에게 보이겠느냐

1 **2** 3 4 5 6 7 8 9 10 11 12 13 14 15 16 17 18 19 20 21

DATE . . .

19 Jesus answered them, “Destroy this temple, and I will raise it again in three days.”

20 They replied, “It has taken forty-six years to build this temple, and you are going to raise it in three days?”

21 But the temple he had spoken of was his body.

22 After he was raised from the dead, his disciples recalled what he had said. Then they believed the scripture and the words that Jesus had spoken.

23 Now while he was in Jerusalem at the Passover Festival, many people saw the signs he was performing and believed in his name.

24 But Jesus would not entrust himself to them, for he knew all people.

25 He did not need any testimony about mankind, for he knew what was in each person.

19 예수께서 대답하여 이르시되 너희가 이 성전을 헐라 내가 사흘 동안에 일으키리라 20 유대인들이 이르되 이 성전은 사십육 년
동안에 지었거늘 네가 삼 일 동안에 일으키겠느냐 하더라 21 그러나 예수는 성전된 자기 육체를 가리켜 말씀하신 것이라 22 죽은
자 가운데서 살아나신 후에야 제자들이 이 말씀하신 것을 기억하고 성경과 예수께서 하신 말씀을 믿었더라 23 유월절에 예수께서
예루살렘에 계시니 많은 사람이 그의 행하시는 표적을 보고 그의 이름을 믿었으나 24 예수는 그의 몸을 그들에게 의탁하지 아니
하셨으니 이는 친히 모든 사람을 아심이요 25 또 사람에 대하여 누구의 증언도 받으실 필요가 없었으니 이는 그가 친히 사람의 속
에 있는 것을 아셨음이니라

John

3

Jesus Teaches Nicodemus

1 Now there was a Pharisee, a man named Nicodemus who was a member of the Jewish ruling council.

2 He came to Jesus at night and said, "Rabbi, we know that you are a teacher who has come from God. For no one could perform the signs you are doing if God were not with him."

3 Jesus replied, "Very truly I tell you, no one can see the kingdom of God unless they are born again."

4 "How can someone be born when they are old?" Nicodemus asked. "Surely they cannot enter a second time into their mother's womb to be born!"

5 Jesus answered, "Very truly I tell you, no one can enter the kingdom of God unless they are born of water and the Spirit.

6 Flesh gives birth to flesh, but the Spirit gives birth to spirit.

7 You should not be surprised at my saying, 'You must be born again.'

8 The wind blows wherever it pleases. You hear its sound, but you cannot tell where it comes from or where it is going. So it is with everyone born of the Spirit."

1 그런데 바리새인 중에 니고데모라 하는 사람이 있으니 유대인의 지도자라 2 그가 밤에 예수께 와서 이르되 랍비여 우리가 당신
은 하나님께로부터 오신 선생인 줄 아나이다 하나님이 함께 하시지 아니하시면 당신이 행하시는 이 표적을 아무도 할 수 없음이
니이다 3 예수께서 대답하여 이르시되 진실로 진실로 네게 이르노니 사람이 거듭나지 아니하면 하나님의 나라를 볼 수 없느니라
4 니고데모가 이르되 사람이 늙으면 어떻게 날 수 있사옵나이까 두 번째 모태에 들어갔다가 날 수 있사옵나이까 5 예수께서 대답
하시되 진실로 진실로 네게 이르노니 사람이 물과 성령으로 나지 아니하면 하나님의 나라에 들어갈 수 없느니라 6 육으로 난 것
은 육이요 영으로 난 것은 영이니 7 내가 네게 거듭나야 하겠다 하는 말을 놀랍게 여기지 말라 8 바람이 임의로 불매 네가 그 소
리는 들어도 어디서 와서 어디로 가는지 알지 못하나니 성령으로 난 사람도 다 그러하니라

9 "How can this be?" Nicodemus asked.

10 "You are Israel's teacher," said Jesus, "and do you not understand these things?

11 Very truly I tell you, we speak of what we know, and we testify to what we have seen, but still you people do not accept our testimony.

12 I have spoken to you of earthly things and you do not believe; how then will you believe if I speak of heavenly things?

13 No one has ever gone into heaven except the one who came from heaven—the Son of Man.

14 Just as Moses lifted up the snake in the wilderness, so the Son of Man must be lifted up,

15 that everyone who believes may have eternal life in him."

16 For God so loved the world that he gave his one and only Son, that whoever believes in him shall not perish but have eternal life.

17 For God did not send his Son into the world to condemn the world, but to save the world through him.

18 Whoever believes in him is not condemned, but whoever does not believe stands condemned already because they have not believed in the name of God's one and only Son.

19 This is the verdict: Light has come into the world, but people loved darkness instead of light because their deeds were evil.

9 니고데모가 대답하여 이르되 어찌 그러한 일이 있을 수 있나이까 10 예수께서 그에게 대답하여 이르시되 너는 이스라엘의 선생
으로서 이러한 것들을 알지 못하느냐 11 진실로 진실로 네게 이르노니 우리는 아는 것을 말하고 본 것을 증언하노라 그러나 너희가
우리의 증언을 받지 아니하는도다 12 내가 땅의 일을 말하여도 너희가 믿지 아니하거든 하물며 하늘의 일을 말하면 어떻게 믿겠느
냐 13 하늘에서 내려온 자 곧 인자 외에는 하늘에 올라간 자가 없느니라 14 모세가 광야에서 뱀을 든 것 같이 인자도 들려야 하리니
15 이는 그를 믿는 자마다 영생을 얻게 하려 하심이니라 16 하나님이 세상을 이처럼 사랑하사 독생자를 주셨으니 이는 그를 믿는
자마다 멸망하지 않고 영생을 얻게 하려 하심이라 17 하나님이 그 아들을 세상에 보내신 것은 세상을 심판하려 하심이 아니요 그로
말미암아 세상이 구원을 받게 하려 하심이라 18 그를 믿는 자는 심판을 받지 아니하는 것이요 믿지 아니하는 자는 하나님의 독생자
의 이름을 믿지 아니하므로 벌써 심판을 받은 것이니라 19 그 정죄는 이것이니 곧 빛이 세상에 왔으되 사람들이 자기 행위가 악하므
로 빛보다 어둠을 더 사랑한 것이니라

20 Everyone who does evil hates the light, and will not come into the light for fear that their deeds will be exposed.

21 But whoever lives by the truth comes into the light, so that it may be seen plainly that what they have done has been done in the sight of God.

John Testifies Again About Jesus

22 After this, Jesus and his disciples went out into the Judean countryside, where he spent some time with them, and baptized.

23 Now John also was baptizing at Aenon near Salim, because there was plenty of water, and people were coming and being baptized.

24 (This was before John was put in prison.)

25 An argument developed between some of John's disciples and a certain Jew over the matter of ceremonial washing.

26 They came to John and said to him, "Rabbi, that man who was with you on the other side of the Jordan—the one you testified about—look, he is baptizing, and everyone is going to him."

27 To this John replied, "A person can receive only what is given them from heaven.

28 You yourselves can testify that I said, 'I am not the Messiah but am sent ahead of him.'

20 악을 행하는 자마다 빛을 미워하여 빛으로 오지 아니하나니 이는 그 행위가 드러날까 함이요 21 진리를 따르는 자는 빛으로 오
나니 이는 그 행위가 하나님 안에서 행한 것임을 나타내려 함이라 하시니라 22 그 후에 예수께서 제자들과 유대 땅으로 가서 거기
함께 유하시며 세례를 베푸시더라 23 요한도 살렘 가까운 애논에서 세례를 베푸니 거기 물이 많음이라 그러므로 사람들이 와서 세
례를 받더라 24 요한이 아직 옥에 갇히지 아니하였더라 25 이에 요한의 제자 중에서 한 유대인과 더불어 정결예식에 대하여 변론
이 되었더니 26 그들이 요한에게 가서 이르되 랍비여 선생님과 함께 요단 강 저편에 있던 이 곧 선생님이 증언하시던 이가 세례를
베풀매 사람이 다 그에게로 가더이다 27 요한이 대답하여 이르되 만일 하늘에서 주신 바 아니면 사람이 아무 것도 받을 수 없느니
라 28 내가 말한 바 나는 그리스도가 아니요 그의 앞에 보내심을 받은 자라고 한 것을 증언할 자는 너희니라

1 2 3 4 5 6 7 8 9 10 11 12 13 14 15 16 17 18 19 20 21

DATE . . .

29 The bride belongs to the bridegroom. The friend who attends the bridegroom waits and listens for him, and is full of joy when he hears the bridegroom's voice. That joy is mine, and it is now complete.

30 He must become greater; I must become less."

31 The one who comes from above is above all; the one who is from the earth belongs to the earth, and speaks as one from the earth. The one who comes from heaven is above all.

32 He testifies to what he has seen and heard, but no one accepts his testimony.

33 Whoever has accepted it has certified that God is truthful.

34 For the one whom God has sent speaks the words of God, for God gives the Spirit without limit.

35 The Father loves the Son and has placed everything in his hands.

36 Whoever believes in the Son has eternal life, but whoever rejects the Son will not see life, for God's wrath remains on them.

29 신부를 취하는 자는 신랑이나 서서 신랑의 음성을 듣는 친구가 크게 기뻐하나니 나는 이러한 기쁨으로 충만하였노라 30 그는
흥하여야 하겠고 나는 쇠하여야 하리라 하니라 31 위로부터 오시는 이는 만물 위에 계시고 땅에서 난 이는 땅에 속하여 땅에 속한
것을 말하느니라 하늘로부터 오시는 이는 만물 위에 계시나니 32 그가 친히 보고 들은 것을 증언하되 그의 증언을 받는 자가 없도
다 33 그의 증언을 받는 자는 하나님이 참되시다는 것을 인쳤느니라 34 하나님이 보내신 이는 하나님의 말씀을 하나니 이는 하나
님이 성령을 한량 없이 주심이니라 35 아버지께서 아들을 사랑하사 만물을 다 그의 손에 주셨으니 36 아들을 믿는 자에게는 영생
이 있고 아들에게 순종하지 아니하는 자는 영생을 보지 못하고 도리어 하나님의 진노가 그 위에 머물러 있느니라

1 2 3 4 5 6 7 8 9 10 11 12 13 14 15 16 17 18 19 20 21

John

4

Jesus Talks With a Samaritan Woman

1 Now Jesus learned that the Pharisees had heard that he was gaining and baptizing more disciples than John—

2 although in fact it was not Jesus who baptized, but his disciples.

3 So he left Judea and went back once more to Galilee.

4 Now he had to go through Samaria.

5 So he came to a town in Samaria called Sychar, near the plot of ground Jacob had given to his son Joseph.

6 Jacob's well was there, and Jesus, tired as he was from the journey, sat down by the well. It was about noon.

7 When a Samaritan woman came to draw water, Jesus said to her, "Will you give me a drink?"

8 (His disciples had gone into the town to buy food.)

9 The Samaritan woman said to him, "You are a Jew and I am a Samaritan woman. How can you ask me for a drink?" (For Jews do not associate with Samaritans.)

10 Jesus answered her, "If you knew the gift of God and who it is that asks you for a drink, you would have asked him and he would have given you living water."

1 예수께서 제자를 삼고 세례를 베푸시는 것이 요한보다 많다 하는 말을 바리새인들이 들은 줄을 주께서 아신지라 2 (예수께서 친
히 세례를 베푸신 것이 아니요 제자들이 베푼 것이라) 3 유대를 떠나사 다시 갈릴리로 가실새 4 사마리아를 통과하여야 하겠는지
라 5 사마리아에 있는 수가라 하는 동네에 이르시니 야곱이 그 아들 요셉에게 준 땅이 가깝고 6 거기 또 야곱의 우물이 있더라 예
수께서 길 가시다가 피곤하여 우물 곁에 그대로 앉으시니 때가 여섯 시쯤 되었더라 7 사마리아 여자 한 사람이 물을 길으러 왔으매
예수께서 물을 좀 달라 하시니 8 이는 제자들이 먹을 것을 사러 그 동네에 들어갔음이러라 9 사마리아 여자가 이르되 당신은 유대
인으로서 어찌하여 사마리아 여자인 나에게 물을 달라 하나이까 하니 이는 유대인이 사마리아인과 상종하지 아니함이러라 10 예
수께서 대답하여 이르시되 네가 만일 하나님의 선물과 또 네게 물 좀 달라 하는 이가 누구인 줄 알았더라면 네가 그에게 구하였을
것이요 그가 생수를 네게 주었으리라

DATE . . .

11 "Sir," the woman said, "you have nothing to draw with and the well is deep. Where can you get this living water?

12 Are you greater than our father Jacob, who gave us the well and drank from it himself, as did also his sons and his livestock?"

13 Jesus answered, "Everyone who drinks this water will be thirsty again,

14 but whoever drinks the water I give them will never thirst. Indeed, the water I give them will become in them a spring of water welling up to eternal life."

15 The woman said to him, "Sir, give me this water so that I won't get thirsty and have to keep coming here to draw water."

16 He told her, "Go, call your husband and come back."

17 "I have no husband," she replied. Jesus said to her, "You are right when you say you have no husband.

18 The fact is, you have had five husbands, and the man you now have is not your husband. What you have just said is quite true."

19 "Sir," the woman said, "I can see that you are a prophet.

20 Our ancestors worshiped on this mountain, but you Jews claim that the place where we must worship is in Jerusalem."

21 "Woman," Jesus replied, "believe me, a time is coming when you will worship the Father neither on this mountain nor in Jerusalem.

22 You Samaritans worship what you do not know; we worship what we do know, for salvation is from the Jews.

11 여자가 이르되 주여 물 길을 그릇도 없고 이 우물은 깊은데 어디서 당신이 그 생수를 얻겠사옵나이까 12 우리 조상 야곱이 이
우물을 우리에게 주셨고 또 여기서 자기와 자기 아들들과 짐승이 다 마셨는데 당신이 야곱보다 더 크니이까 13 예수께서 대답하여
이르시되 이 물을 마시는 자마다 다시 목마르려니와 14 내가 주는 물을 마시는 자는 영원히 목마르지 아니하리니 내가 주는 물은
그 속에서 영생하도록 솟아나는 샘물이 되리라 15 여자가 이르되 주여 그런 물을 내게 주사 목마르지도 않고 또 여기 물 길으러 오
지도 않게 하옵소서 16 이르시되 가서 네 남편을 불러 오라 17 여자가 대답하여 이르되 나는 남편이 없나이다 예수께서 이르시되
네가 남편이 없다 하는 말이 옳도다 18 너에게 남편 다섯이 있었고 지금 있는 자도 네 남편이 아니니 네 말이 참되도다 19 여자가
이르되 주여 내가 보니 선지자로소이다 20 우리 조상들은 이 산에서 예배하였는데 당신들의 말은 예배할 곳이 예루살렘에 있다 하
더이다 21 예수께서 이르시되 여자여 내 말을 믿으라 이 산에서도 말고 예루살렘에서도 말고 너희가 아버지께 예배할 때가 이르리라
22 너희는 알지 못하는 것을 예배하고 우리는 아는 것을 예배하노니 이는 구원이 유대인에게서 남이라

DATE . . .

23 Yet a time is coming and has now come when the true worshipers will worship the Father in the Spirit and in truth, for they are the kind of worshipers the Father seeks.

24 God is spirit, and his worshipers must worship in the Spirit and in truth."

25 The woman said, "I know that Messiah" (called Christ) "is coming. When he comes, he will explain everything to us."

26 Then Jesus declared, "I, the one speaking to you—I am he."

The Disciples Rejoin Jesus

27 Just then his disciples returned and were surprised to find him talking with a woman. But no one asked, "What do you want?" or "Why are you talking with her?"

28 Then, leaving her water jar, the woman went back to the town and said to the people,

29 "Come, see a man who told me everything I ever did. Could this be the Messiah?"

30 They came out of the town and made their way toward him.

31 Meanwhile his disciples urged him, "Rabbi, eat something."

32 But he said to them, "I have food to eat that you know nothing about."

33 Then his disciples said to each other, "Could someone have brought him food?"

34 "My food," said Jesus, "is to do the will of him who sent me and to finish his work.

23 아버지께 참되게 예배하는 자들은 영과 진리로 예배할 때가 오나니 곧 이 때라 아버지께서는 자기에게 이렇게 예배하는 자들을
찾으시느니라 24 하나님은 영이시니 예배하는 자가 영과 진리로 예배할지니라 25 여자가 이르되 메시야 곧 그리스도라 하는 이
가 오실 줄을 내가 아노니 그가 오시면 모든 것을 우리에게 알려 주시리이다 26 예수께서 이르시되 네게 말하는 내가 그라 하시니
라 27 이 때에 제자들이 돌아와서 예수께서 여자와 말씀하시는 것을 이상히 여겼으나 무엇을 구하시나이까 어찌하여 그와 말씀하
시나이까 묻는 자가 없더라 28 여자가 물동이를 버려 두고 동네로 들어가서 사람들에게 이르되 29 내가 행한 모든 일을 내게 말한
사람을 와서 보라 이는 그리스도가 아니냐 하니 30 그들이 동네에서 나와 예수께로 오더라 31 그 사이에 제자들이 청하여 이르되
랍비여 잡수소서 32 이르시되 내게는 너희가 알지 못하는 먹을 양식이 있느니라 33 제자들이 서로 말하되 누가 잡수실 것을 갖다
드렸는가 하니 34 예수께서 이르시되 나의 양식은 나를 보내신 이의 뜻을 행하며 그의 일을 온전히 이루는 이것이니라

1 2 3 **4** 5 6 7 8 9 10 11 12 13 14 15 16 17 18 19 20 21

DATE . . .

35 Don't you have a saying, 'It's still four months until harvest'? I tell you, open your eyes and look at the fields! They are ripe for harvest.

36 Even now the one who reaps draws a wage and harvests a crop for eternal life, so that the sower and the reaper may be glad together.

37 Thus the saying 'One sows and another reaps' is true.

38 I sent you to reap what you have not worked for. Others have done the hard work, and you have reaped the benefits of their labor."

Many Samaritans Believe

39 Many of the Samaritans from that town believed in him because of the woman's testimony, "He told me everything I ever did."

40 So when the Samaritans came to him, they urged him to stay with them, and he stayed two days.

41 And because of his words many more became believers.

42 They said to the woman, "We no longer believe just because of what you said; now we have heard for ourselves, and we know that this man really is the Savior of the world."

Jesus Heals an Official's Son

43 After the two days he left for Galilee.

44 (Now Jesus himself had pointed out that a prophet has no honor in his own country.)

35 너희는 넉 달이 지나야 추수할 때가 이르겠다 하지 아니하느냐 그러나 나는 너희에게 이르노니 너희 눈을 들어 밭을 보라 희어
져 추수하게 되었도다 36 거두는 자가 이미 삯도 받고 영생에 이르는 열매를 모으나니 이는 뿌리는 자와 거두는 자가 함께 즐거워
하게 하려 함이라 37 그런즉 한 사람이 심고 다른 사람이 거둔다 하는 말이 옳도다 38 내가 너희로 노력하지 아니한 것을 거두러
보내었노니 다른 사람들은 노력하였고 너희는 그들이 노력한 것에 참여하였느니라 39 여자의 말이 내가 행한 모든 것을 그가 내게
말하였다 증언하므로 그 동네 중에 많은 사마리아인이 예수를 믿는지라 40 사마리아인들이 예수께 와서 자기들과 함께 유하시기
를 청하니 거기서 이틀을 유하시매 41 예수의 말씀으로 말미암아 믿는 자가 더욱 많아 42 그 여자에게 말하되 이제 우리가 믿는
것은 네 말로 인함이 아니니 이는 우리가 친히 듣고 그가 참으로 세상의 구주신 줄 앎이라 하였더라 43 이틀이 지나매 예수께서 거
기를 떠나 갈릴리로 가시며 44 친히 증언하시기를 선지자가 고향에서는 높임을 받지 못한다 하시고

45 When he arrived in Galilee, the Galileans welcomed him. They had seen all that he had done in Jerusalem at the Passover Festival, for they also had been there.

46 Once more he visited Cana in Galilee, where he had turned the water into wine. And there was a certain royal official whose son lay sick at Capernaum.

47 When this man heard that Jesus had arrived in Galilee from Judea, he went to him and begged him to come and heal his son, who was close to death.

48 "Unless you people see signs and wonders," Jesus told him, "you will never believe."

49 The royal official said, "Sir, come down before my child dies."

50 "Go," Jesus replied, "your son will live." The man took Jesus at his word and departed.

51 While he was still on the way, his servants met him with the news that his boy was living.

52 When he inquired as to the time when his son got better, they said to him, "Yesterday, at one in the afternoon, the fever left him."

53 Then the father realized that this was the exact time at which Jesus had said to him, "Your son will live." So he and his whole household believed.

54 This was the second sign Jesus performed after coming from Judea to Galilee.

45 갈릴리에 이르시매 갈릴리인들이 그를 영접하니 이는 자기들도 명절에 갔다가 예수께서 명절중 예루살렘에서 하신 모든 일을
보았음이더라 46 예수께서 다시 갈릴리 가나에 이르시니 전에 물로 포도주를 만드신 곳이라 왕의 신하가 있어 그의 아들이 가버
나움에서 병들었더니 47 그가 예수께서 유대로부터 갈릴리로 오셨다는 것을 듣고 가서 청하되 내려오셔서 내 아들의 병을 고쳐 주
소서 하니 그가 거의 죽게 되었음이라 48 예수께서 이르시되 너희는 표적과 기사를 보지 못하면 도무지 믿지 아니하리라 49 신하
가 이르되 주여 내 아이가 죽기 전에 내려오소서 50 예수께서 이르시되 가라 네 아들이 살아 있다 하시니 그 사람이 예수께서 하신
말씀을 믿고 가더니 51 내려가는 길에서 그 종들이 오다가 만나서 아이가 살아 있다 하거늘 52 그 낫기 시작한 때를 물은즉 어제
일곱 시에 열기가 떨어졌나이다 하는지라 53 그의 아버지가 예수께서 네 아들이 살아 있다 말씀하신 그 때인 줄 알고 자기와 그 온
집안이 다 믿으니라 54 이것은 예수께서 유대에서 갈릴리로 오신 후에 행하신 두 번째 표적이니라

DATE . . .

John
5

The Healing at the Pool

1 Some time later, Jesus went up to Jerusalem for one of the Jewish festivals.

2 Now there is in Jerusalem near the Sheep Gate a pool, which in Aramaic is called Bethesda and which is surrounded by five covered colonnades.

3 Here a great number of disabled people used to lie—the blind, the lame, the paralyzed.

4 (본문없음 Blank Verse)

5 One who was there had been an invalid for thirty-eight years.

6 When Jesus saw him lying there and learned that he had been in this condition for a long time, he asked him, "Do you want to get well?"

7 "Sir," the invalid replied, "I have no one to help me into the pool when the water is stirred. While I am trying to get in, someone else goes down ahead of me."

8 Then Jesus said to him, "Get up! Pick up your mat and walk."

9 At once the man was cured; he picked up his mat and walked. The day on which this took place was a Sabbath,

1 그 후에 유대인의 명절이 되어 예수께서 예루살렘에 올라가시니라 2 예루살렘에 있는 양문 곁에 히브리 말로 베데스다라 하는
못이 있는데 거기 행각 다섯이 있고 3 그 안에 많은 병자, 맹인, 다리 저는 사람, 혈기 마른 사람들이 누워 [물의 움직임을 기다리니
4 이는 천사가 가끔 못에 내려와 물을 움직이게 하는데 움직인 후에 먼저 들어가는 자는 어떤 병에 걸렸든지 낫게 됨이러라] 5 거기
서른여덟 해 된 병자가 있더라 6 예수께서 그 누운 것을 보시고 병이 벌써 오래된 줄 아시고 이르시되 네가 낫고자 하느냐 7 병자가
대답하되 주여 물이 움직일 때에 나를 못에 넣어 주는 사람이 없어 내가 가는 동안에 다른 사람이 먼저 내려가나이다 8 예수께서 이
르시되 일어나 네 자리를 들고 걸어가라 하시니 9 그 사람이 곧 나아서 자리를 들고 걸어가니라 이 날은 안식일이니

DATE . . .

10 and so the Jewish leaders said to the man who had been healed, "It is the Sabbath; the law forbids you to carry your mat."

11 But he replied, "The man who made me well said to me, 'Pick up your mat and walk.' "

12 So they asked him, "Who is this fellow who told you to pick it up and walk?"

13 The man who was healed had no idea who it was, for Jesus had slipped away into the crowd that was there.

14 Later Jesus found him at the temple and said to him, "See, you are well again. Stop sinning or something worse may happen to you."

15 The man went away and told the Jewish leaders that it was Jesus who had made him well.

The Authority of the Son

16 So, because Jesus was doing these things on the Sabbath, the Jewish leaders began to persecute him.

17 In his defense Jesus said to them, "My Father is always at his work to this very day, and I too am working."

18 For this reason they tried all the more to kill him; not only was he breaking the Sabbath, but he was even calling God his own Father, making himself equal with God.

10 유대인들이 병 나은 사람에게 이르되 안식일인데 네가 자리를 들고 가는 것이 옳지 아니하니라 11 대답하되 나를 낫게 한 그
가 자리를 들고 걸어가라 하더라 하니 12 그들이 묻되 너에게 자리를 들고 걸어가라 한 사람이 누구냐 하되 13 고침을 받은 사람
은 그가 누구인지 알지 못하니 이는 거기 사람이 많으므로 예수께서 이미 피하셨음이라 14 그 후에 예수께서 성전에서 그 사람을
만나 이르시되 보라 네가 나았으니 더 심한 것이 생기지 않게 다시는 죄를 범하지 말라 하시니 15 그 사람이 유대인들에게 가서 자
기를 고친 이는 예수라 하니라 16 그러므로 안식일에 이러한 일을 행하신다 하여 유대인들이 예수를 박해하게 된지라 17 예수께
서 그들에게 이르시되 내 아버지께서 이제까지 일하시니 나도 일한다 하시매 18 유대인들이 이로 말미암아 더욱 예수를 죽이고자
하니 이는 안식일을 범할 뿐만 아니라 하나님을 자기의 친 아버지라 하여 자기를 하나님과 동등으로 삼으심이러라

1 2 3 4 **5** 6 7 8 9 10 11 12 13 14 15 16 17 18 19 20 21

DATE . . .

19 Jesus gave them this answer: “Very truly I tell you, the Son can do nothing by himself; he can do only what he sees his Father doing, because whatever the Father does the Son also does.

20 For the Father loves the Son and shows him all he does. Yes, and he will show him even greater works than these, so that you will be amazed.

21 For just as the Father raises the dead and gives them life, even so the Son gives life to whom he is pleased to give it.

22 Moreover, the Father judges no one, but has entrusted all judgment to the Son,

23 that all may honor the Son just as they honor the Father. Whoever does not honor the Son does not honor the Father, who sent him.

24 “Very truly I tell you, whoever hears my word and believes him who sent me has eternal life and will not be judged but has crossed over from death to life.

25 Very truly I tell you, a time is coming and has now come when the dead will hear the voice of the Son of God and those who hear will live.

26 For as the Father has life in himself, so he has granted the Son also to have life in himself.

27 And he has given him authority to judge because he is the Son of Man.

19 그러므로 예수께서 그들에게 이르시되 내가 진실로 진실로 너희에게 이르노니 아들이 아버지께서 하시는 일을 보지 않고는 아
무 것도 스스로 할 수 없나니 아버지께서 행하시는 그것을 아들도 그와 같이 행하느니라 20 아버지께서 아들을 사랑하사 자기가
행하시는 것을 다 아들에게 보이시고 또 그보다 더 큰 일을 보이사 너희로 놀랍게 여기게 하시리라 21 아버지께서 죽은 자들을 일
으켜 살리심 같이 아들도 자기가 원하는 자들을 살리느니라 22 아버지께서 아무도 심판하지 아니하시고 심판을 다 아들에게 맡기
셨으니 23 이는 모든 사람으로 아버지를 공경하는 것 같이 아들을 공경하게 하려 하심이라 아들을 공경하지 아니하는 자는 그를
보내신 아버지도 공경하지 아니하느니라 24 내가 진실로 진실로 너희에게 이르노니 내 말을 듣고 또 나 보내신 이를 믿는 자는 영
생을 얻었고 심판에 이르지 아니하나니 사망에서 생명으로 옮겼느니라 25 진실로 진실로 너희에게 이르노니 죽은 자들이 하나님
의 아들의 음성을 들을 때가 오나니 곧 이 때라 듣는 자는 살아나리라 26 아버지께서 자기 속에 생명이 있음 같이 아들에게도 생명
을 주어 그 속에 있게 하셨고 27 또 인자됨으로 말미암아 심판하는 권한을 주셨느니라

1 2 3 4 **5** 6 7 8 9 10 11 12 13 14 15 16 17 18 19 20 21

DATE . . .

28 "Do not be amazed at this, for a time is coming when all who are in their graves will hear his voice

29 and come out—those who have done what is good will rise to live, and those who have done what is evil will rise to be condemned.

30 By myself I can do nothing; I judge only as I hear, and my judgment is just, for I seek not to please myself but him who sent me.

Testimonies About Jesus

31 "If I testify about myself, my testimony is not true.

32 There is another who testifies in my favor, and I know that his testimony about me is true.

33 "You have sent to John and he has testified to the truth.

34 Not that I accept human testimony; but I mention it that you may be saved.

35 John was a lamp that burned and gave light, and you chose for a time to enjoy his light.

36 "I have testimony weightier than that of John. For the works that the Father has given me to finish—the very works that I am doing—testify that the Father has sent me.

37 And the Father who sent me has himself testified concerning me. You have never heard his voice nor seen his form,

28 이를 놀랍게 여기지 말라 무덤 속에 있는 자가 다 그의 음성을 들을 때가 오나니 29 선한 일을 행한 자는 생명의 부활로, 악한 일
을 행한 자는 심판의 부활로 나오리라 30 내가 아무 것도 스스로 할 수 없노라 듣는 대로 심판하노니 나는 나의 뜻대로 하려 하지
않고 나를 보내신 이의 뜻대로 하려 하므로 내 심판은 의로우니라 31 내가 만일 나를 위하여 증언하면 내 증언은 참되지 아니하되
32 나를 위하여 증언하시는 이가 따로 있으니 나를 위하여 증언하시는 그 증언이 참인 줄 아노라 33 너희가 요한에게 사람을 보내
매 요한이 진리에 대하여 증언하였느니라 34 그러나 나는 사람에게서 증언을 취하지 아니하노라 다만 이 말을 하는 것은 너희로
구원을 받게 하려 함이니라 35 요한은 켜서 비추이는 등불이라 너희가 한때 그 빛에 즐거이 있기를 원하였거니와 36 내게는 요한
의 증거보다 더 큰 증거가 있으니 아버지께서 내게 주사 이루게 하시는 역사 곧 내가 하는 그 역사가 아버지께서 나를 보내신 것을
나를 위하여 증언하는 것이요 37 또한 나를 보내신 아버지께서 친히 나를 위하여 증언하셨느니라 너희는 아무 때에도 그 음성을
듣지 못하였고 그 형상을 보지 못하였으며

38 nor does his word dwell in you, for you do not believe the one
he sent.

39 You study the Scriptures diligently because you think that in
them you have eternal life. These are the very Scriptures that
testify about me,

40 yet you refuse to come to me to have life.

41 "I do not accept glory from human beings,

42 but I know you. I know that you do not have the love of God in
your hearts.

43 I have come in my Father's name, and you do not accept me;
but if someone else comes in his own name, you will accept
him.

44 How can you believe since you accept glory from one another
but do not seek the glory that comes from the only God?

45 "But do not think I will accuse you before the Father. Your
accuser is Moses, on whom your hopes are set.

46 If you believed Moses, you would believe me, for he wrote
about me.

47 But since you do not believe what he wrote, how are you going
to believe what I say?"

38 그 말씀이 너희 속에 거하지 아니하니 이는 그가 보내신 이를 믿지 아니함이라 39 너희가 성경에서 영생을 얻는 줄 생각하고 성
경을 연구하거니와 이 성경이 곧 내게 대하여 증언하는 것이니라 40 그러나 너희가 영생을 얻기 위하여 내게 오기를 원하지 아니하
는도다 41 나는 사람에게서 영광을 취하지 아니하노라 42 다만 하나님을 사랑하는 것이 너희 속에 없음을 알았노라 43 나는 내
아버지의 이름으로 왔으매 너희가 영접하지 아니하나 만일 다른 사람이 자기 이름으로 오면 영접하리라 44 너희가 서로 영광을 취
하고 유일하신 하나님께로부터 오는 영광은 구하지 아니하니 어찌 나를 믿을 수 있느냐 45 내가 너희를 아버지께 고발할까 생각하
지 말라 너희를 고발하는 이가 있으니 곧 너희가 바라는 자 모세니라 46 모세를 믿었더라면 또 나를 믿었으리니 이는 그가 내게 대
하여 기록하였음이라 47 그러나 그의 글도 믿지 아니하거든 어찌 내 말을 믿겠느냐 하시니라

1 2 3 4 **5** 6 7 8 9 10 11 12 13 14 15 16 17 18 19 20 21

DATE . . .

미리보는 어휘

6장

shore 해변
mountainside 산허리
distribute 나눠 주다
barley 보리
intend …하려 하다
withdraw 물러나다
row 배를 젓다
immediately 즉시
opposite 반대편의
approval 승인
require 요구하다
drive away 몰아내다, 내쫓다
grumble 불평하다
sharply 날카롭게
synagogue (유대교) 회당
ascend 오르다
betray 배신하다
feed on… : …를 먹고 살다

7장

tabernacle 장막
public 공적인
figure 인물
widespread 널리 퍼진
deceive 속이다
halfway 중도에서
temple 성전
demon-possessed 악령에 홀린
circumcision 할례
patriarch 족장, 조상
appearance 외양
correctly 바르게
conclude 결론짓다
seize 붙잡다
arrest 체포하다
manuscript 사본
include 포함하다
in secret : 비밀히, 남몰래

8장

adultery 간음
straighten 곧게 펴다
stoop 몸을 구부리다
behalf 이익
witness 증인
standard 기준
offering 제물
continue 계속하다
descendant 후손
permanent 영구적인
illegitimate 불법의
protest 하의하다
murderer 살인자
dishonor 명예를 손상시키다
exclaim 외치다
slip away 살짝 가버리다
prove…guilty of sin : …가 유죄임을 증하다

PART 2

06-10

9장

blind 눈 먼
display 보여주다
saliva 침
neighbor 이웃
insist 주장하다
sinner 죄인
afraid 두려워하는
acknowledge 인정하다
summon 소환하다
hurl 퍼붓다
insult 모욕
remarkable 주목할 만한
steep 가파른
worship 예배, 숭배
lecture 설교하다
throw 던지다

10장

shepherd 목자
robber 강도
gatekeeper 문지기
stranger 낯선 사람
pasture 목장
command 계명
demon 악마
dedication 봉헌
suspense 초조함
opponent 적
blasphemy 신성모독
escape 피하다
grasp 움켜잡기
across 건너편
snatch A out B : B에서 A를 낚아채다

John

6

Jesus Feeds the Five Thousand

1 Some time after this, Jesus crossed to the far shore of the Sea of Galilee (that is, the Sea of Tiberias),

2 and a great crowd of people followed him because they saw the signs he had performed by healing the sick.

3 Then Jesus went up on a mountainside and sat down with his disciples.

4 The Jewish Passover Festival was near.

5 When Jesus looked up and saw a great crowd coming toward him, he said to Philip, "Where shall we buy bread for these people to eat?"

6 He asked this only to test him, for he already had in mind what he was going to do.

7 Philip answered him, "It would take more than half a year's wages to buy enough bread for each one to have a bite!"

8 Another of his disciples, Andrew, Simon Peter's brother, spoke up,

9 "Here is a boy with five small barley loaves and two small fish, but how far will they go among so many?"

1 그 후에 예수께서 디베랴의 갈릴리 바다 건너편으로 가시매 2 큰 무리가 따르니 이는 병자들에게 행하시는 표적을 보았음이러라
3 예수께서 산에 오르사 제자들과 함께 거기 앉으시니 4 마침 유대인의 명절인 유월절이 가까운지라 5 예수께서 눈을 들어 큰 무
리가 자기에게로 오는 것을 보시고 빌립에게 이르시되 우리가 어디서 떡을 사서 이 사람들을 먹이겠느냐 하시니 6 이렇게 말씀하
심은 친히 어떻게 하실지를 아시고 빌립을 시험하고자 하심이라 7 빌립이 대답하되 각 사람으로 조금씩 받게 할지라도 이백 데나
리온의 떡이 부족하리이다 8 제자 중 하나 곧 시몬 베드로의 형제 안드레가 예수께 여짜오되 9 여기 한 아이가 있어 보리떡 다섯
개와 물고기 두 마리를 가지고 있나이다 그러나 그것이 이 많은 사람에게 얼마나 되겠사옵나이까

1 2 3 4 5 6 7 8 9 10 11 12 13 14 15 16 17 18 19 20 21

DATE . . .

10 Jesus said, "Have the people sit down." There was plenty of grass in that place, and they sat down (about five thousand men were there).

11 Jesus then took the loaves, gave thanks, and distributed to those who were seated as much as they wanted. He did the same with the fish.

12 When they had all had enough to eat, he said to his disciples, "Gather the pieces that are left over. Let nothing be wasted."

13 So they gathered them and filled twelve baskets with the pieces of the five barley loaves left over by those who had eaten.

14 After the people saw the sign Jesus performed, they began to say, "Surely this is the Prophet who is to come into the world."

15 Jesus, knowing that they intended to come and make him king by force, withdrew again to a mountain by himself.

Jesus Walks on the Water

16 When evening came, his disciples went down to the lake,

17 where they got into a boat and set off across the lake for Capernaum. By now it was dark, and Jesus had not yet joined them.

18 A strong wind was blowing and the waters grew rough.

19 When they had rowed about three or four miles, they saw Jesus approaching the boat, walking on the water; and they were frightened.

10 예수께서 이르시되 이 사람들로 앉게 하라 하시니 그 곳에 잔디가 많은지라 사람들이 앉으니 수가 오천 명쯤 되더라 11 예수께
서 떡을 가져 축사하신 후에 앉아 있는 자들에게 나눠 주시고 물고기도 그렇게 그들의 원대로 주시니라 12 그들이 배부른 후에 예
수께서 제자들에게 이르시되 남은 조각을 거두고 버리는 것이 없게 하라 하시므로 13 이에 거두니 보리떡 다섯 개로 먹고 남은 조
각이 열두 바구니에 찼더라 14 그 사람들이 예수께서 행하신 이 표적을 보고 말하되 이는 참으로 세상에 오실 그 선지자라 하더
라 15 그러므로 예수께서 그들이 와서 자기를 억지로 붙들어 임금으로 삼으려는 줄 아시고 다시 혼자 산으로 떠나 가시니라 16 저
물매 제자들이 바다에 내려가서 17 배를 타고 바다를 건너 가버나움으로 가는데 이미 어두웠고 예수는 아직 그들에게 오시지 아
니하셨더니 18 큰 바람이 불어 파도가 일어나더라 19 제자들이 노를 저어 십여 리쯤 가다가 예수께서 바다 위로 걸어 배에 가까이
오심을 보고 두려워하거늘

1 2 3 4 5 **6** 7 8 9 10 11 12 13 14 15 16 17 18 19 20 21

DATE . . .

20 But he said to them, "It is I; don't be afraid."

21 Then they were willing to take him into the boat, and immediately the boat reached the shore where they were heading.

22 The next day the crowd that had stayed on the opposite shore of the lake realized that only one boat had been there, and that Jesus had not entered it with his disciples, but that they had gone away alone.

23 Then some boats from Tiberias landed near the place where the people had eaten the bread after the Lord had given thanks.

24 Once the crowd realized that neither Jesus nor his disciples were there, they got into the boats and went to Capernaum in search of Jesus.

Jesus the Bread of Life

25 When they found him on the other side of the lake, they asked him, "Rabbi, when did you get here?"

26 Jesus answered, "Very truly I tell you, you are looking for me, not because you saw the signs I performed but because you ate the loaves and had your fill.

27 Do not work for food that spoils, but for food that endures to eternal life, which the Son of Man will give you. For on him God the Father has placed his seal of approval."

20 이르시되 내니 두려워하지 말라 하신대 21 이에 기뻐서 배로 영접하니 배는 곧 그들이 가려던 땅에 이르렀더라 22 이튿날 바다
건너편에 서 있던 무리가 배 한 척 외에 다른 배가 거기 없는 것과 또 어제 예수께서 제자들과 함께 그 배에 오르지 아니하시고 제자
들만 가는 것을 보았더니 23 (그러나 디베랴에서 배들이 주께서 축사하신 후 여럿이 떡 먹던 그 곳에 가까이 왔더라) 24 무리가 거
기에 예수도 안 계시고 제자들도 없음을 보고 곧 배들을 타고 예수를 찾으러 가버나움으로 가서 25 바다 건너편에서 만나 랍비여
언제 여기 오셨나이까 하니 26 예수께서 대답하여 이르시되 내가 진실로 진실로 너희에게 이르노니 너희가 나를 찾는 것은 표적을
본 까닭이 아니요 떡을 먹고 배부른 까닭이로다 27 썩을 양식을 위하여 일하지 말고 영생하도록 있는 양식을 위하여 하라 이 양식
은 인자가 너희에게 주리니 인자는 아버지 하나님께서 인치신 자니라

DATE . . .

28 Then they asked him, "What must we do to do the works God requires?"

29 Jesus answered, "The work of God is this: to believe in the one he has sent."

30 So they asked him, "What sign then will you give that we may see it and believe you? What will you do?

31 Our ancestors ate the manna in the wilderness; as it is written: 'He gave them bread from heaven to eat.'"

32 Jesus said to them, "Very truly I tell you, it is not Moses who has given you the bread from heaven, but it is my Father who gives you the true bread from heaven.

33 For the bread of God is the bread that comes down from heaven and gives life to the world."

34 "Sir," they said, "always give us this bread."

35 Then Jesus declared, "I am the bread of life. Whoever comes to me will never go hungry, and whoever believes in me will never be thirsty.

36 But as I told you, you have seen me and still you do not believe.

37 All those the Father gives me will come to me, and whoever comes to me I will never drive away.

38 For I have come down from heaven not to do my will but to do the will of him who sent me.

28 그들이 묻되 우리가 어떻게 하여야 하나님의 일을 하오리이까 29 예수께서 대답하여 이르시되 하나님께서 보내신 이를 믿는
것이 하나님의 일이니라 하시니 30 그들이 묻되 그러면 우리가 보고 당신을 믿도록 행하시는 표적이 무엇이니이까, 하시는 일이 무
엇이니이까 31 기록된 바 하늘에서 그들에게 떡을 주어 먹게 하였다 함과 같이 우리 조상들은 광야에서 만나를 먹었나이다 32 예
수께서 이르시되 내가 진실로 진실로 너희에게 이르노니 모세가 너희에게 하늘로부터 떡을 준 것이 아니라 내 아버지께서 너희에
게 하늘로부터 참 떡을 주시나니 33 하나님의 떡은 하늘에서 내려 세상에 생명을 주는 것이니라 34 그들이 이르되 주여 이 떡을
항상 우리에게 주소서 35 예수께서 이르시되 나는 생명의 떡이니 내게 오는 자는 결코 주리지 아니할 터이요 나를 믿는 자는 영원
히 목마르지 아니하리라 36 그러나 내가 너희에게 이르기를 너희는 나를 보고도 믿지 아니하는도다 하였느니라 37 아버지께서
내게 주시는 자는 다 내게로 올 것이요 내게 오는 자는 내가 결코 내쫓지 아니하리라 38 내가 하늘에서 내려온 것은 내 뜻을 행하
려 함이 아니요 나를 보내신 이의 뜻을 행하려 함이니라

39 And this is the will of him who sent me, that I shall lose none of all those he has given me, but raise them up at the last day.

40 For my Father's will is that everyone who looks to the Son and believes in him shall have eternal life, and I will raise them up at the last day."

41 At this the Jews there began to grumble about him because he said, "I am the bread that came down from heaven."

42 They said, "Is this not Jesus, the son of Joseph, whose father and mother we know? How can he now say, 'I came down from heaven'?"

43 "Stop grumbling among yourselves," Jesus answered.

44 "No one can come to me unless the Father who sent me draws them, and I will raise them up at the last day.

45 It is written in the Prophets: 'They will all be taught by God.' Everyone who has heard the Father and learned from him comes to me.

46 No one has seen the Father except the one who is from God; only he has seen the Father.

47 Very truly I tell you, the one who believes has eternal life.

48 I am the bread of life.

49 Your ancestors ate the manna in the wilderness, yet they died.

50 But here is the bread that comes down from heaven, which anyone may eat and not die.

39 나를 보내신 이의 뜻은 내게 주신 자 중에 내가 하나도 잃어버리지 아니하고 마지막 날에 다시 살리는 이것이니라 40 내 아버지
의 뜻은 아들을 보고 믿는 자마다 영생을 얻는 이것이니 마지막 날에 내가 이를 다시 살리리라 하시니라 41 자기가 하늘에서 내려온
떡이라 하시므로 유대인들이 예수에 대하여 수군거려 42 이르되 이는 요셉의 아들 예수가 아니냐 그 부모를 우리가 아는데 자기가
지금 어찌하여 하늘에서 내려왔다 하느냐 43 예수께서 대답하여 이르시되 너희는 서로 수군거리지 말라 44 나를 보내신 아버지께
서 이끌지 아니하시면 아무도 내게 올 수 없으니 오는 그를 내가 마지막 날에 다시 살리리라 45 선지자의 글에 그들이 다 하나님의
가르치심을 받으리라 기록되었은즉 아버지께 듣고 배운 사람마다 내게로 오느니라 46 이는 아버지를 본 자가 있다는 것이 아니니
라 오직 하나님에게서 온 자만 아버지를 보았느니라 47 진실로 진실로 너희에게 이르노니 믿는 자는 영생을 가졌나니 48 내가 곧
생명의 떡이니라 49 너희 조상들은 광야에서 만나를 먹었어도 죽었거니와 50 이는 하늘에서 내려오는 떡이니 사람으로 하여금 먹
고 죽지 아니하게 하는 것이니라

51 I am the living bread that came down from heaven. Whoever eats this bread will live forever. This bread is my flesh, which I will give for the life of the world."

52 Then the Jews began to argue sharply among themselves, "How can this man give us his flesh to eat?"

53 Jesus said to them, "Very truly I tell you, unless you eat the flesh of the Son of Man and drink his blood, you have no life in you.

54 Whoever eats my flesh and drinks my blood has eternal life, and I will raise them up at the last day.

55 For my flesh is real food and my blood is real drink.

56 Whoever eats my flesh and drinks my blood remains in me, and I in them.

57 Just as the living Father sent me and I live because of the Father, so the one who feeds on me will live because of me.

58 This is the bread that came down from heaven. Your ancestors ate manna and died, but whoever feeds on this bread will live forever."

59 He said this while teaching in the synagogue in Capernaum.

Many Disciples Desert Jesus

60 On hearing it, many of his disciples said, "This is a hard teaching. Who can accept it?"

51 나는 하늘에서 내려온 살아 있는 떡이니 사람이 이 떡을 먹으면 영생하리라 내가 줄 떡은 곧 세상의 생명을 위한 내 살이니라 하
시니라 52 그러므로 유대인들이 서로 다투어 이르되 이 사람이 어찌 능히 자기 살을 우리에게 주어 먹게 하겠느냐 53 예수께서 이
르시되 내가 진실로 진실로 너희에게 이르노니 인자의 살을 먹지 아니하고 인자의 피를 마시지 아니하면 너희 속에 생명이 없느니
라 54 내 살을 먹고 내 피를 마시는 자는 영생을 가졌고 마지막 날에 내가 그를 다시 살리리니 55 내 살은 참된 양식이요 내 피는
참된 음료로다 56 내 살을 먹고 내 피를 마시는 자는 내 안에 거하고 나도 그의 안에 거하나니 57 살아 계신 아버지께서 나를 보내
시매 내가 아버지로 말미암아 사는 것 같이 나를 먹는 그 사람도 나로 말미암아 살리라 58 이것은 하늘에서 내려온 떡이니 조상들
이 먹고도 죽은 그것과 같지 아니하여 이 떡을 먹는 자는 영원히 살리라 59 이 말씀은 예수께서 가버나움 회당에서 가르치실 때에
하셨느니라 60 제자 중 여럿이 듣고 말하되 이 말씀은 어렵도다 누가 들을 수 있느냐 한대

DATE . . .

61 Aware that his disciples were grumbling about this, Jesus said to them, "Does this offend you?

62 Then what if you see the Son of Man ascend to where he was before!

63 The Spirit gives life; the flesh counts for nothing. The words I have spoken to you—they are full of the Spirit and life.

64 Yet there are some of you who do not believe." For Jesus had known from the beginning which of them did not believe and who would betray him.

65 He went on to say, "This is why I told you that no one can come to me unless the Father has enabled them."

66 From this time many of his disciples turned back and no longer followed him.

67 "You do not want to leave too, do you?" Jesus asked the Twelve.

68 Simon Peter answered him, "Lord, to whom shall we go? You have the words of eternal life.

69 We have come to believe and to know that you are the Holy One of God."

70 Then Jesus replied, "Have I not chosen you, the Twelve? Yet one of you is a devil!"

71 (He meant Judas, the son of Simon Iscariot, who, though one of the Twelve, was later to betray him.)

61 예수께서 스스로 제자들이 이 말씀에 대하여 수군거리는 줄 아시고 이르시되 이 말이 너희에게 걸림이 되느냐 62 그러면 너희
는 인자가 이전에 있던 곳으로 올라가는 것을 본다면 어떻게 하겠느냐 63 살리는 것은 영이니 육은 무익하니라 내가 너희에게 이
른 말은 영이요 생명이라 64 그러나 너희 중에 믿지 아니하는 자들이 있느니라 하시니 이는 예수께서 믿지 아니하는 자들이 누구
며 자기를 팔 자가 누구인지 처음부터 아심이러라 65 또 이르시되 그러므로 전에 너희에게 말하기를 내 아버지께서 오게 하여 주
지 아니하시면 누구든지 내게 올 수 없다 하였노라 하시니라 66 그 때부터 그의 제자 중에서 많은 사람이 떠나가고 다시 그와 함께
다니지 아니하더라 67 예수께서 열두 제자에게 이르시되 너희도 가려느냐 68 시몬 베드로가 대답하되 주여 영생의 말씀이 주께
있사오니 우리가 누구에게로 가오리이까 69 우리가 주는 하나님의 거룩하신 자이신 줄 믿고 알았사옵나이다 70 예수께서 대답하
시되 내가 너희 열둘을 택하지 아니하였느냐 그러나 너희 중의 한 사람은 마귀니라 하시니 71 이 말씀은 가룟 시몬의 아들 유다를
가리키심이라 그는 열둘 중의 하나로 예수를 팔 자러라

John
7

Jesus Goes to the Festival of Tabernacles

1 After this, Jesus went around in Galilee. He did not want to go about in Judea because the Jewish leaders there were looking for a way to kill him.

2 But when the Jewish Festival of Tabernacles was near,

3 Jesus' brothers said to him, "Leave Galilee and go to Judea, so that your disciples there may see the works you do.

4 No one who wants to become a public figure acts in secret. Since you are doing these things, show yourself to the world."

5 For even his own brothers did not believe in him.

6 Therefore Jesus told them, "My time is not yet here; for you any time will do.

7 The world cannot hate you, but it hates me because I testify that its works are evil.

8 You go to the festival. I am not going up to this festival, because my time has not yet fully come."

9 After he had said this, he stayed in Galilee.

10 However, after his brothers had left for the festival, he went also, not publicly, but in secret.

1 그 후에 예수께서 갈릴리에서 다니시고 유대에서 다니려 아니하심은 유대인들이 죽이려 함이러라 2 유대인의 명절인 초막절이
가까운지라 3 그 형제들이 예수께 이르되 당신이 행하는 일을 제자들도 보게 여기를 떠나 유대로 가소서 4 스스로 나타나기를 구
하면서 묻혀서 일하는 사람이 없나니 이 일을 행하려 하거든 자신을 세상에 나타내소서 하니 5 이는 그 형제들까지도 예수를 믿
지 아니함이러라 6 예수께서 이르시되 내 때는 아직 이르지 아니하였거니와 너희 때는 늘 준비되어 있느니라 7 세상이 너희를 미
워하지 아니하되 나를 미워하나니 이는 내가 세상의 일들을 악하다고 증언함이라 8 너희는 명절에 올라가라 내 때가 아직 차지 못
하였으니 나는 이 명절에 아직 올라가지 아니하노라 9 이 말씀을 하시고 갈릴리에 머물러 계시니라 10 그 형제들이 명절에 올라간
후에 자기도 올라가시되 나타내지 않고 은밀히 가시니라

DATE . . .

11 Now at the festival the Jewish leaders were watching for Jesus and asking, "Where is he?"

12 Among the crowds there was widespread whispering about him. Some said, "He is a good man." Others replied, "No, he deceives the people."

13 But no one would say anything publicly about him for fear of the leaders.

Jesus Teaches at the Festival

14 Not until halfway through the festival did Jesus go up to the temple courts and begin to teach.

15 The Jews there were amazed and asked, "How did this man get such learning without having been taught?"

16 Jesus answered, "My teaching is not my own. It comes from the one who sent me.

17 Anyone who chooses to do the will of God will find out whether my teaching comes from God or whether I speak on my own.

18 Whoever speaks on their own does so to gain personal glory, but he who seeks the glory of the one who sent him is a man of truth; there is nothing false about him.

19 Has not Moses given you the law? Yet not one of you keeps the law. Why are you trying to kill me?"

11 명절중에 유대인들이 예수를 찾으면서 그가 어디 있느냐 하고 12 예수에 대하여 무리 중에서 수군거림이 많아 어떤 사람은 좋
은 사람이라 하며 어떤 사람은 아니라 무리를 미혹한다 하나 13 그러나 유대인들을 두려워하므로 드러나게 그에 대하여 말하는 자
가 없더라 14 이미 명절의 중간이 되어 예수께서 성전에 올라가사 가르치시니 15 유대인들이 놀랍게 여겨 이르되 이 사람은 배우
지 아니하였거늘 어떻게 글을 아느냐 하니 16 예수께서 대답하여 이르시되 내 교훈은 내 것이 아니요 나를 보내신 이의 것이니라
17 사람이 하나님의 뜻을 행하려 하면 이 교훈이 하나님께로부터 왔는지 내가 스스로 말함인지 알리라 18 스스로 말하는 자는 자
기 영광만 구하되 보내신 이의 영광을 구하는 자는 참되니 그 속에 불의가 없느니라 19 모세가 너희에게 율법을 주지 아니하였느
냐 너희 중에 율법을 지키는 자가 없도다 너희가 어찌하여 나를 죽이려 하느냐

1 2 3 4 5 6 **7** 8 9 10 11 12 13 14 15 16 17 18 19 20 21

DATE . . .

20 "You are demon-possessed," the crowd answered. "Who is trying to kill you?"

21 Jesus said to them, "I did one miracle, and you are all amazed.

22 Yet, because Moses gave you circumcision (though actually it did not come from Moses, but from the patriarchs), you circumcise a boy on the Sabbath.

23 Now if a boy can be circumcised on the Sabbath so that the law of Moses may not be broken, why are you angry with me for healing a man's whole body on the Sabbath?

24 Stop judging by mere appearances, but instead judge correctly."

Division Over Who Jesus Is

25 At that point some of the people of Jerusalem began to ask, "Isn't this the man they are trying to kill?

26 Here he is, speaking publicly, and they are not saying a word to him. Have the authorities really concluded that he is the Messiah?

27 But we know where this man is from; when the Messiah comes, no one will know where he is from."

28 Then Jesus, still teaching in the temple courts, cried out, "Yes, you know me, and you know where I am from. I am not here on my own authority, but he who sent me is true. You do not know him,

20 무리가 대답하되 당신은 귀신이 들렸도다 누가 당신을 죽이려 하나이까 21 예수께서 대답하여 이르시되 내가 한 가지 일을 행
하매 너희가 다 이로 말미암아 이상히 여기는도다 22 모세가 너희에게 할례를 행했으니(그러나 할례는 모세에게서 난 것이 아니
요 조상들에게서 난 것이라) 그러므로 너희가 안식일에도 사람에게 할례를 행하느니라 23 모세의 율법을 범하지 아니하려고 사람
이 안식일에도 할례를 받는 일이 있거든 내가 안식일에 사람의 전신을 건전하게 한 것으로 너희가 내게 노여워하느냐 24 외모로 판
단하지 말고 공의롭게 판단하라 하시니라 25 예루살렘 사람 중에서 어떤 사람이 말하되 이는 그들이 죽이고자 하는 그 사람이 아
니냐 26 보라 드러나게 말하되 그들이 아무 말도 아니하는도다 당국자들은 이 사람을 참으로 그리스도인 줄 알았는가 27 그러나
우리는 이 사람이 어디서 왔는지 아노라 그리스도께서 오실 때에는 어디서 오시는지 아는 자가 없으리라 하는지라 28 예수께서 성
전에서 가르치시며 외쳐 이르시되 너희가 나를 알고 내가 어디서 온 것도 알거니와 내가 스스로 온 것이 아니니라 나를 보내신 이는
참되시니 너희는 그를 알지 못하나

1 2 3 4 5 6 **7** 8 9 10 11 12 13 14 15 16 17 18 19 20 21

DATE . . .

29 but I know him because I am from him and he sent me."

30 At this they tried to seize him, but no one laid a hand on him,
because his hour had not yet come.

31 Still, many in the crowd believed in him. They said, "When the
Messiah comes, will he perform more signs than this man?"

32 The Pharisees heard the crowd whispering such things about
him. Then the chief priests and the Pharisees sent temple
guards to arrest him.

33 Jesus said, "I am with you for only a short time, and then I am
going to the one who sent me.

34 You will look for me, but you will not find me; and where I am,
you cannot come."

35 The Jews said to one another, "Where does this man intend to
go that we cannot find him? Will he go where our people live
scattered among the Greeks, and teach the Greeks?

36 What did he mean when he said, 'You will look for me, but
you will not find me,' and 'Where I am, you cannot come'?"

37 On the last and greatest day of the festival, Jesus stood and
said in a loud voice, "Let anyone who is thirsty come to me
and drink.

38 Whoever believes in me, as Scripture has said, rivers of living
water will flow from within them."

29 나는 아노니 이는 내가 그에게서 났고 그가 나를 보내셨음이라 하시니 30 그들이 예수를 잡고자 하나 손을 대는 자가 없으니 이
는 그의 때가 아직 이르지 아니하였음이러라 31 무리 중의 많은 사람이 예수를 믿고 말하되 그리스도께서 오실지라도 그 행하실
표적이 이 사람이 행한 것보다 더 많으랴 하니 32 예수에 대하여 무리가 수군거리는 것이 바리새인들에게 들린지라 대제사장들과
바리새인들이 그를 잡으려고 아랫사람들을 보내니 33 예수께서 이르시되 내가 너희와 함께 조금 더 있다가 나를 보내신 이에게로
돌아가겠노라 34 너희가 나를 찾아도 만나지 못할 터이요 나 있는 곳에 오지도 못하리라 하시니 35 이에 유대인들이 서로 묻되 이
사람이 어디로 가기에 우리가 그를 만나지 못하리요 헬라인 중에 흩어져 사는 자들에게로 가서 헬라인을 가르칠 터인가 36 나를
찾아도 만나지 못할 터이요 나 있는 곳에 오지도 못하리라 한 이 말이 무슨 말이냐 하니라 37 명절 끝날 곧 큰 날에 예수께서 서서
외쳐 이르시되 누구든지 목마르거든 내게로 와서 마시라 38 나를 믿는 자는 성경에 이름과 같이 그 배에서 생수의 강이 흘러나오
리라 하시니

1 2 3 4 5 6 **7** 8 9 10 11 12 13 14 15 16 17 18 19 20 21

DATE . . .

39 By this he meant the Spirit, whom those who believed in him were later to receive. Up to that time the Spirit had not been given, since Jesus had not yet been glorified.

40 On hearing his words, some of the people said, "Surely this man is the Prophet."

41 Others said, "He is the Messiah." Still others asked, "How can the Messiah come from Galilee?

42 Does not Scripture say that the Messiah will come from David's descendants and from Bethlehem, the town where David lived?"

43 Thus the people were divided because of Jesus.

44 Some wanted to seize him, but no one laid a hand on him.

Unbelief of the Jewish Leaders

45 Finally the temple guards went back to the chief priests and the Pharisees, who asked them, "Why didn't you bring him in?"

46 "No one ever spoke the way this man does," the guards replied.

47 "You mean he has deceived you also?" the Pharisees retorted.

48 "Have any of the rulers or of the Pharisees believed in him?

49 No! But this mob that knows nothing of the law—there is a curse on them."

39 이는 그를 믿는 자들이 받을 성령을 가리켜 말씀하신 것이라(예수께서 아직 영광을 받지 않으셨으므로 성령이 아직 그들에게
계시지 아니하시더라) 40 이 말씀을 들은 무리 중에서 어떤 사람은 이 사람이 참으로 그 선지자라 하며 41 어떤 사람은 그리스도
라 하며 어떤 이들은 그리스도가 어찌 갈릴리에서 나오겠느냐 42 성경에 이르기를 그리스도는 다윗의 씨로 또 다윗이 살던 마을
베들레헴에서 나오리라 하지 아니하였느냐 하며 43 예수로 말미암아 무리 중에서 쟁론이 되니 44 그 중에는 그를 잡고자 하는 자
들도 있으나 손을 대는 자가 없었더라 45 아랫사람들이 대제사장들과 바리새인들에게로 오니 그들이 묻되 어찌하여 잡아오지 아
니하였느냐 46 아랫사람들이 대답하되 그 사람이 말하는 것처럼 말한 사람은 이 때까지 없었나이다 하니 47 바리새인들이 대답
하되 너희도 미혹되었느냐 48 당국자들이나 바리새인 중에 그를 믿는 자가 있느냐 49 율법을 알지 못하는 이 무리는 저주를 받은
자로다

1 2 3 4 5 6 **7** 8 9 10 11 12 13 14 15 16 17 18 19 20 21

DATE . . .

50 Nicodemus, who had gone to Jesus earlier and who was one of
their own number, asked,

51 "Does our law condemn a man without first hearing him to
find out what he has been doing?"

52 They replied, "Are you from Galilee, too? Look into it, and you
will find that a prophet does not come out of Galilee."

53 Then they all went home,

50 그 중의 한 사람 곧 전에 예수께 왔던 니고데모가 그들에게 말하되 **51** 우리 율법은 사람의 말을 듣고 그 행한 것을 알기 전에 심
판하느냐 **52** 그들이 대답하여 이르되 너도 갈릴리에서 왔느냐 찾아 보라 갈릴리에서는 선지자가 나지 못하느니라 하였더라 **53** [다
각각 집으로 돌아가고

DATE . . .

John

8

1 but Jesus went to the Mount of Olives.

2 At dawn he appeared again in the temple courts, where all the people gathered around him, and he sat down to teach them.

3 The teachers of the law and the Pharisees brought in a woman caught in adultery. They made her stand before the group

4 and said to Jesus, "Teacher, this woman was caught in the act of adultery.

5 In the Law Moses commanded us to stone such women. Now what do you say?"

6 They were using this question as a trap, in order to have a basis for accusing him. But Jesus bent down and started to write on the ground with his finger.

7 When they kept on questioning him, he straightened up and said to them, "Let any one of you who is without sin be the first to throw a stone at her."

8 Again he stooped down and wrote on the ground.

9 At this, those who heard began to go away one at a time, the older ones first, until only Jesus was left, with the woman still standing there.

10 Jesus straightened up and asked her, "Woman, where are they? Has no one condemned you?"

1 예수는 감람 산으로 가시니라 2 아침에 다시 성전으로 들어오시니 백성이 다 나아오는지라 앉으사 그들을 가르치시더니 3 서기
관들과 바리새인들이 음행중에 잡힌 여자를 끌고 와서 가운데 세우고 4 예수께 말하되 선생이여 이 여자가 간음하다가 현장에서
잡혔나이다 5 모세는 율법에 이러한 여자를 돌로 치라 명하였거니와 선생은 어떻게 말하겠나이까 6 그들이 이렇게 말함은 고발할
조건을 얻고자 하여 예수를 시험함이러라 예수께서 몸을 굽히사 손가락으로 땅에 쓰시니 7 그들이 묻기를 마지 아니하는지라 이에
일어나 이르시되 너희 중에 죄 없는 자가 먼저 돌로 치라 하시고 8 다시 몸을 굽혀 손가락으로 땅에 쓰시니 9 그들이 이 말씀을 듣
고 양심에 가책을 느껴 어른으로 시작하여 젊은이까지 하나씩 하나씩 나가고 오직 예수와 그 가운데 섰는 여자만 남았더라 10 예수
께서 일어나사 여자 외에 아무도 없는 것을 보시고 이르시되 여자여 너를 고발하던 그들이 어디 있느냐 너를 정죄한 자가 없느냐

11 "No one, sir," she said. "Then neither do I condemn you," Jesus declared. "Go now and leave your life of sin."

Dispute Over Jesus' Testimony

12 When Jesus spoke again to the people, he said, "I am the light of the world. Whoever follows me will never walk in darkness, but will have the light of life."

13 The Pharisees challenged him, "Here you are, appearing as your own witness; your testimony is not valid."

14 Jesus answered, "Even if I testify on my own behalf, my testimony is valid, for I know where I came from and where I am going. But you have no idea where I come from or where I am going.

15 You judge by human standards; I pass judgment on no one.

16 But if I do judge, my decisions are true, because I am not alone. I stand with the Father, who sent me.

17 In your own Law it is written that the testimony of two witnesses is true.

18 I am one who testifies for myself; my other witness is the Father, who sent me."

19 Then they asked him, "Where is your father?" "You do not know me or my Father," Jesus replied. "If you knew me, you would know my Father also."

11 대답하되 주여 없나이다 예수께서 이르시되 나도 너를 정죄하지 아니하노니 가서 다시는 죄를 범하지 말라 하시니라] 12 예수께
서 또 말씀하여 이르시되 나는 세상의 빛이니 나를 따르는 자는 어둠에 다니지 아니하고 생명의 빛을 얻으리라 13 바리새인들이 이
르되 네가 너를 위하여 증언하니 네 증언은 참되지 아니하도다 14 예수께서 대답하여 이르시되 내가 나를 위하여 증언하여도 내 증
언이 참되니 나는 내가 어디서 오며 어디로 가는 것을 알거니와 너희는 내가 어디서 오며 어디로 가는 것을 알지 못하느니라 15 너
희는 육체를 따라 판단하나 나는 아무도 판단하지 아니하노라 16 만일 내가 판단하여도 내 판단이 참되니 이는 내가 혼자 있는 것
이 아니요 나를 보내신 이가 나와 함께 계심이라 17 너희 율법에도 두 사람의 증언이 참되다 기록되었으니 18 내가 나를 위하여 증
언하는 자가 되고 나를 보내신 아버지도 나를 위하여 증언하시느니라 19 이에 그들이 묻되 네 아버지가 어디 있느냐 예수께서 대답
하시되 너희는 나를 알지 못하고 내 아버지도 알지 못하는도다 나를 알았더라면 내 아버지도 알았으리라

1 2 3 4 5 6 7 **8** 9 10 11 12 13 14 15 16 17 18 19 20 21

DATE . . .

20 He spoke these words while teaching in the temple courts near the place where the offerings were put. Yet no one seized him, because his hour had not yet come.

Dispute Over Who Jesus Is

21 Once more Jesus said to them, "I am going away, and you will look for me, and you will die in your sin. Where I go, you cannot come."

22 This made the Jews ask, "Will he kill himself? Is that why he says, 'Where I go, you cannot come'?"

23 But he continued, "You are from below; I am from above. You are of this world; I am not of this world.

24 I told you that you would die in your sins; if you do not believe that I am he, you will indeed die in your sins."

25 "Who are you?" they asked. "Just what I have been telling you from the beginning," Jesus replied.

26 "I have much to say in judgment of you. But he who sent me is trustworthy, and what I have heard from him I tell the world."

27 They did not understand that he was telling them about his Father.

28 So Jesus said, "When you have lifted up the Son of Man, then you will know that I am he and that I do nothing on my own but speak just what the Father has taught me.

20 이 말씀은 성전에서 가르치실 때에 헌금함 앞에서 하셨으나 잡는 사람이 없으니 이는 그의 때가 아직 이르지 아니하였음이러라
21 다시 이르시되 내가 가리니 너희가 나를 찾다가 너희 죄 가운데서 죽겠고 내가 가는 곳에는 너희가 오지 못하리라 22 유대인들
이 이르되 그가 말하기를 내가 가는 곳에는 너희가 오지 못하리라 하니 그가 자결하려는가 23 예수께서 이르시되 너희는 아래에
서 났고 나는 위에서 났으며 너희는 이 세상에 속하였고 나는 이 세상에 속하지 아니하였느니라 24 그러므로 내가 너희에게 말하
기를 너희가 너희 죄 가운데서 죽으리라 하였노라 너희가 만일 내가 그인 줄 믿지 아니하면 너희 죄 가운데서 죽으리라 25 그들이
말하되 네가 누구냐 예수께서 이르시되 나는 처음부터 너희에게 말하여 온 자니라 26 내가 너희에게 대하여 말하고 판단할 것이
많으나 나를 보내신 이가 참되시매 내가 그에게 들은 그것을 세상에 말하노라 하시되 27 그들은 아버지를 가리켜 말씀하신 줄을
깨닫지 못하더라 28 이에 예수께서 이르시되 너희가 인자를 든 후에 내가 그인 줄을 알고 또 내가 스스로 아무 것도 하지 아니하고
오직 아버지께서 가르치신 대로 이런 것을 말하는 줄도 알리라

1 2 3 4 5 6 7 **8** 9 10 11 12 13 14 15 16 17 18 19 20 21

DATE . . .

29 The one who sent me is with me; he has not left me alone, for I always do what pleases him."

30 Even as he spoke, many believed in him.

Dispute Over Whose Children Jesus' Opponents Are

31 To the Jews who had believed him, Jesus said, "If you hold to my teaching, you are really my disciples.

32 Then you will know the truth, and the truth will set you free."

33 They answered him, "We are Abraham's descendants and have never been slaves of anyone. How can you say that we shall be set free?"

34 Jesus replied, "Very truly I tell you, everyone who sins is a slave to sin.

35 Now a slave has no permanent place in the family, but a son belongs to it forever.

36 So if the Son sets you free, you will be free indeed.

37 I know that you are Abraham's descendants. Yet you are looking for a way to kill me, because you have no room for my word.

38 I am telling you what I have seen in the Father's presence, and you are doing what you have heard from your father."

39 "Abraham is our father," they answered. "If you were Abraham's children," said Jesus, "then you would do what Abraham did.

29 나를 보내신 이가 나와 함께 하시도다 나는 항상 그가 기뻐하시는 일을 행하므로 나를 혼자 두지 아니하셨느니라 30 이 말씀을
하시매 많은 사람이 믿더라 31 그러므로 예수께서 자기를 믿은 유대인들에게 이르시되 너희가 내 말에 거하면 참으로 내 제자가 되
고 32 진리를 알지니 진리가 너희를 자유롭게 하리라 33 그들이 대답하되 우리가 아브라함의 자손이라 남의 종이 된 적이 없거늘
어찌하여 우리가 자유롭게 되리라 하느냐 34 예수께서 대답하시되 진실로 진실로 너희에게 이르노니 죄를 범하는 자마다 죄의 종
이라 35 종은 영원히 집에 거하지 못하되 아들은 영원히 거하나니 36 그러므로 아들이 너희를 자유롭게 하면 너희가 참으로 자유
로우리라 37 나도 너희가 아브라함의 자손인 줄 아노라 그러나 내 말이 너희 안에 있을 곳이 없으므로 나를 죽이려 하는도다 38 나
는 내 아버지에게서 본 것을 말하고 너희는 너희 아비에게서 들은 것을 행하느니라 39 대답하여 이르되 우리 아버지는 아브라함이
라 하니 예수께서 이르시되 너희가 아브라함의 자손이면 아브라함이 행한 일들을 할 것이거늘

1 2 3 4 5 6 7 **8** 9 10 11 12 13 14 15 16 17 18 19 20 21

DATE . . .

40 As it is, you are looking for a way to kill me, a man who has told you the truth that I heard from God. Abraham did not do such things.

41 You are doing the works of your own father." "We are not illegitimate children," they protested. "The only Father we have is God himself."

42 Jesus said to them, "If God were your Father, you would love me, for I have come here from God. I have not come on my own; God sent me.

43 Why is my language not clear to you? Because you are unable to hear what I say.

44 You belong to your father, the devil, and you want to carry out your father's desires. He was a murderer from the beginning, not holding to the truth, for there is no truth in him. When he lies, he speaks his native language, for he is a liar and the father of lies.

45 Yet because I tell the truth, you do not believe me!

46 Can any of you prove me guilty of sin? If I am telling the truth, why don't you believe me?

47 Whoever belongs to God hears what God says. The reason you do not hear is that you do not belong to God."

Jesus' Claims About Himself

48 The Jews answered him, "Aren't we right in saying that you are a Samaritan and demon-possessed?"

40 지금 하나님께 들은 진리를 너희에게 말한 사람인 나를 죽이려 하는도다 아브라함은 이렇게 하지 아니하였느니라 41 너희는 너
희 아비가 행한 일들을 하는도다 대답하되 우리가 음란한 데서 나지 아니하였고 아버지는 한 분뿐이시니 곧 하나님이시로다 42 예
수께서 이르시되 하나님이 너희 아버지였으면 너희가 나를 사랑하였으리니 이는 내가 하나님께로부터 나와서 왔음이라 나는 스스
로 온 것이 아니요 아버지께서 나를 보내신 것이니라 43 어찌하여 내 말을 깨닫지 못하느냐 이는 내 말을 들을 줄 알지 못함이로다
44 너희는 너희 아비 마귀에게서 났으니 너희 아비의 욕심대로 너희도 행하고자 하느니라 그는 처음부터 살인한 자요 진리가 그 속
에 없으므로 진리에 서지 못하고 거짓을 말할 때마다 제 것으로 말하나니 이는 그가 거짓말쟁이요 거짓의 아비가 되었음이라 45 내
가 진리를 말하므로 너희가 나를 믿지 아니하는도다 46 너희 중에 누가 나를 죄로 책잡겠느냐 내가 진리를 말하는데도 어찌하여
나를 믿지 아니하느냐 47 하나님께 속한 자는 하나님의 말씀을 듣나니 너희가 듣지 아니함은 하나님께 속하지 아니하였음이로다
48 유대인들이 대답하여 이르되 우리가 너를 사마리아 사람이라 또는 귀신이 들렸다 하는 말이 옳지 아니하냐

DATE . . .

49 "I am not possessed by a demon," said Jesus, "but I honor my Father and you dishonor me.

50 I am not seeking glory for myself; but there is one who seeks it, and he is the judge.

51 Very truly I tell you, whoever obeys my word will never see death."

52 At this they exclaimed, "Now we know that you are demon-possessed! Abraham died and so did the prophets, yet you say that whoever obeys your word will never taste death.

53 Are you greater than our father Abraham? He died, and so did the prophets. Who do you think you are?"

54 Jesus replied, "If I glorify myself, my glory means nothing. My Father, whom you claim as your God, is the one who glorifies me.

55 Though you do not know him, I know him. If I said I did not, I would be a liar like you, but I do know him and obey his word.

56 Your father Abraham rejoiced at the thought of seeing my day; he saw it and was glad."

57 "You are not yet fifty years old," they said to him, "and you have seen Abraham!"

58 "Very truly I tell you," Jesus answered, "before Abraham was born, I am!"

59 At this, they picked up stones to stone him, but Jesus hid himself, slipping away from the temple grounds.

49 예수께서 대답하시되 나는 귀신 들린 것이 아니라 오직 내 아버지를 공경함이거늘 너희가 나를 무시하는도다 50 나는 내 영광
을 구하지 아니하나 구하고 판단하시는 이가 계시니라 51 진실로 진실로 너희에게 이르노니 사람이 내 말을 지키면 영원히 죽음을
보지 아니하리라 52 유대인들이 이르되 지금 네가 귀신 들린 줄을 아노라 아브라함과 선지자들도 죽었거늘 네 말은 사람이 내 말
을 지키면 영원히 죽음을 맛보지 아니하리라 하니 53 너는 이미 죽은 우리 조상 아브라함보다 크냐 또 선지자들도 죽었거늘 너는
너를 누구라 하느냐 54 예수께서 대답하시되 내가 내게 영광을 돌리면 내 영광이 아무 것도 아니거니와 내게 영광을 돌리시는 이
는 내 아버지시니 곧 너희가 너희 하나님이라 칭하는 그이시라 55 너희는 그를 알지 못하되 나는 아노니 만일 내가 알지 못한다 하
면 나도 너희 같이 거짓말쟁이가 되리라 나는 그를 알고 또 그의 말씀을 지키노라 56 너희 조상 아브라함은 나의 때 볼 것을 즐거워
하다가 보고 기뻐하였느니라 57 유대인들이 이르되 네가 아직 오십 세도 못되었는데 아브라함을 보았느냐 58 예수께서 이르시되
진실로 진실로 너희에게 이르노니 아브라함이 나기 전부터 내가 있느니라 하시니 59 그들이 돌을 들어 치려 하거늘 예수께서 숨어
성전에서 나가시니라

John

9

Jesus Heals a Man Born Blind

1 As he went along, he saw a man blind from birth.

2 His disciples asked him, "Rabbi, who sinned, this man or his parents, that he was born blind?"

3 "Neither this man nor his parents sinned," said Jesus, "but this happened so that the works of God might be displayed in him.

4 As long as it is day, we must do the works of him who sent me. Night is coming, when no one can work.

5 While I am in the world, I am the light of the world."

6 After saying this, he spit on the ground, made some mud with the saliva, and put it on the man's eyes.

7 "Go," he told him, "wash in the Pool of Siloam" (this word means "Sent"). So the man went and washed, and came home seeing.

8 His neighbors and those who had formerly seen him begging asked, "Isn't this the same man who used to sit and beg?"

9 Some claimed that he was. Others said, "No, he only looks like him." But he himself insisted, "I am the man."

10 "How then were your eyes opened?" they asked.

1 예수께서 길을 가실 때에 날 때부터 맹인 된 사람을 보신지라 2 제자들이 물어 이르되 랍비여 이 사람이 맹인으로 난 것이 누구의
죄로 인함이니이까 자기니이까 그의 부모니이까 3 예수께서 대답하시되 이 사람이나 그 부모의 죄로 인한 것이 아니라 그에게서 하
나님이 하시는 일을 나타내고자 하심이라 4 때가 아직 낮이매 나를 보내신 이의 일을 우리가 하여야 하리라 밤이 오리니 그 때는 아
무도 일할 수 없느니라 5 내가 세상에 있는 동안에는 세상의 빛이로라 6 이 말씀을 하시고 땅에 침을 뱉어 진흙을 이겨 그의 눈에
바르시고 7 이르시되 실로암 못에 가서 씻으라 하시니(실로암은 번역하면 보냄을 받았다는 뜻이라)이에 가서 씻고 밝은 눈으로 왔
더라 8 이웃 사람들과 전에 그가 걸인인 것을 보았던 사람들이 이르되 이는 앉아서 구걸하던 자가 아니냐 9 어떤 사람은 그 사람이
라 하며 어떤 사람은 아니라 그와 비슷하다 하거늘 자기 말은 내가 그라 하니 10 그들이 묻되 그러면 네 눈이 어떻게 떠졌느냐

1 2 3 4 5 6 7 8 **9** 10 11 12 13 14 15 16 17 18 19 20 21

DATE . . .

11 He replied, "The man they call Jesus made some mud and put it on my eyes. He told me to go to Siloam and wash. So I went and washed, and then I could see."

12 "Where is this man?" they asked him. "I don't know," he said.

The Pharisees Investigate the Healing

13 They brought to the Pharisees the man who had been blind.

14 Now the day on which Jesus had made the mud and opened the man's eyes was a Sabbath.

15 Therefore the Pharisees also asked him how he had received his sight. "He put mud on my eyes," the man replied, "and I washed, and now I see."

16 Some of the Pharisees said, "This man is not from God, for he does not keep the Sabbath." But others asked, "How can a sinner perform such signs?" So they were divided.

17 Then they turned again to the blind man, "What have you to say about him? It was your eyes he opened." The man replied, "He is a prophet."

18 They still did not believe that he had been blind and had received his sight until they sent for the man's parents.

19 "Is this your son?" they asked. "Is this the one you say was born blind? How is it that now he can see?"

20 "We know he is our son," the parents answered, "and we know he was born blind.

11 대답하되 예수라 하는 그 사람이 진흙을 이겨 내 눈에 바르고 나더러 실로암에 가서 씻으라 하기에 가서 씻었더니 보게 되었노
라 12 그들이 이르되 그가 어디 있느냐 이르되 알지 못하노라 하니라 13 그들이 전에 맹인이었던 사람을 데리고 바리새인들에게
갔더라 14 예수께서 진흙을 이겨 눈을 뜨게 하신 날은 안식일이라 15 그러므로 바리새인들도 그가 어떻게 보게 되었는지를 물으
니 이르되 그 사람이 진흙을 내 눈에 바르매 내가 씻고 보나이다 하니 16 바리새인 중에 어떤 사람은 말하되 이 사람이 안식일을
지키지 아니하니 하나님께로부터 온 자가 아니라 하며 어떤 사람은 말하되 죄인으로서 어떻게 이러한 표적을 행하겠느냐 하여 그
들 중에 분쟁이 있었더니 17 이에 맹인되었던 자에게 다시 묻되 그 사람이 네 눈을 뜨게 하였으니 너는 그를 어떠한 사람이라 하느
냐 대답하되 선지자니이다 하니 18 유대인들이 그가 맹인으로 있다가 보게 된 것을 믿지 아니하고 그 부모를 불러 묻되 19 이는 너
희 말에 맹인으로 났다 하는 너희 아들이냐 그러면 지금은 어떻게 해서 보느냐 20 그 부모가 대답하여 이르되 이 사람이 우리 아
들인 것과 맹인으로 난 것을 아나이다

1 2 3 4 5 6 7 8 **9** 10 11 12 13 14 15 16 17 18 19 20 21

DATE . . .

21 But how he can see now, or who opened his eyes, we don't know. Ask him. He is of age; he will speak for himself."

22 His parents said this because they were afraid of the Jewish leaders, who already had decided that anyone who acknowledged that Jesus was the Messiah would be put out of the synagogue.

23 That was why his parents said, "He is of age; ask him."

24 A second time they summoned the man who had been blind. "Give glory to God by telling the truth," they said. "We know this man is a sinner."

25 He replied, "Whether he is a sinner or not, I don't know. One thing I do know. I was blind but now I see!"

26 Then they asked him, "What did he do to you? How did he open your eyes?"

27 He answered, "I have told you already and you did not listen. Why do you want to hear it again? Do you want to become his disciples too?"

28 Then they hurled insults at him and said, "You are this fellow's disciple! We are disciples of Moses!

29 We know that God spoke to Moses, but as for this fellow, we don't even know where he comes from."

30 The man answered, "Now that is remarkable! You don't know where he comes from, yet he opened my eyes.

21 그러나 지금 어떻게 해서 보는지 또는 누가 그 눈을 뜨게 하였는지 우리는 알지 못하나이다 그에게 물어 보소서 그가 장성하였으
니 자기 일을 말하리이다 22 그 부모가 이렇게 말한 것은 이미 유대인들이 누구든지 예수를 그리스도로 시인하는 자는 출교하기로
결의하였으므로 그들을 무서워함이러라 23 이러므로 그 부모가 말하기를 그가 장성하였으니 그에게 물어 보소서 하였더라 24 이
에 그들이 맹인이었던 사람을 두 번째 불러 이르되 너는 하나님께 영광을 돌리라 우리는 이 사람이 죄인인 줄 아노라 25 대답하되
그가 죄인인지 내가 알지 못하나 한 가지 아는 것은 내가 맹인으로 있다가 지금 보는 그것이니이다 26 그들이 이르되 그 사람이 네
게 무엇을 하였느냐 어떻게 네 눈을 뜨게 하였느냐 27 대답하되 내가 이미 일렀어도 듣지 아니하고 어찌하여 다시 듣고자 하나이까
당신들도 그의 제자가 되려 하나이까 28 그들이 욕하여 이르되 너는 그의 제자이나 우리는 모세의 제자라 29 하나님이 모세에게
는 말씀하신 줄을 우리가 알거니와 이 사람은 어디서 왔는지 알지 못하노라 30 그 사람이 대답하여 이르되 이상하다 이 사람이 내
눈을 뜨게 하였으되 당신들은 그가 어디서 왔는지 알지 못하는도다

31 We know that God does not listen to sinners. He listens to the godly person who does his will.

32 Nobody has ever heard of opening the eyes of a man born blind.

33 If this man were not from God, he could do nothing."

34 To this they replied, "You were steeped in sin at birth; how dare you lecture us!" And they threw him out.

Spiritual Blindness

35 Jesus heard that they had thrown him out, and when he found him, he said, "Do you believe in the Son of Man?"

36 "Who is he, sir?" the man asked. "Tell me so that I may believe in him."

37 Jesus said, "You have now seen him; in fact, he is the one speaking with you."

38 Then the man said, "Lord, I believe," and he worshiped him.

39 Jesus said, "For judgment I have come into this world, so that the blind will see and those who see will become blind."

40 Some Pharisees who were with him heard him say this and asked, "What? Are we blind too?"

41 Jesus said, "If you were blind, you would not be guilty of sin; but now that you claim you can see, your guilt remains.

31 하나님이 죄인의 말을 듣지 아니하시고 경건하여 그의 뜻대로 행하는 자의 말은 들으시는 줄을 우리가 아나이다 32 창세 이후
로 맹인으로 난 자의 눈을 뜨게 하였다 함을 듣지 못하였으니 33 이 사람이 하나님께로부터 오지 아니하였으면 아무 일도 할 수 없
으리이다 34 그들이 대답하여 이르되 네가 온전히 죄 가운데서 나서 우리를 가르치느냐 하고 이에 쫓아내어 보내니라 35 예수께
서 그들이 그 사람을 쫓아냈다 하는 말을 들으셨더니 그를 만나사 이르시되 네가 인자를 믿느냐 36 대답하여 이르되 주여 그가 누
구시오니이까 내가 믿고자 하나이다 37 예수께서 이르시되 네가 그를 보았거니와 지금 너와 말하는 자가 그이니라 38 이르되 주
여 내가 믿나이다 하고 절하는지라 39 예수께서 이르시되 내가 심판하러 이 세상에 왔으니 보지 못하는 자들은 보게 하고 보는 자
들은 맹인이 되게 하려 함이라 하시니 40 바리새인 중에 예수와 함께 있던 자들이 이 말씀을 듣고 이르되 우리도 맹인인가 41 예
수께서 이르시되 너희가 맹인이 되었더라면 죄가 없으려니와 본다고 하니 너희 죄가 그대로 있느니라

John

10

The Good Shepherd and His Sheep

1 "Very truly I tell you Pharisees, anyone who does not enter the sheep pen by the gate, but climbs in by some other way, is a thief and a robber.

2 The one who enters by the gate is the shepherd of the sheep.

3 The gatekeeper opens the gate for him, and the sheep listen to his voice. He calls his own sheep by name and leads them out.

4 When he has brought out all his own, he goes on ahead of them, and his sheep follow him because they know his voice.

5 But they will never follow a stranger; in fact, they will run away from him because they do not recognize a stranger's voice."

6 Jesus used this figure of speech, but the Pharisees did not understand what he was telling them.

7 Therefore Jesus said again, "Very truly I tell you, I am the gate for the sheep.

8 All who have come before me are thieves and robbers, but the sheep have not listened to them.

9 I am the gate; whoever enters through me will be saved. They will come in and go out, and find pasture.

1 내가 진실로 진실로 너희에게 이르노니 문을 통하여 양의 우리에 들어가지 아니하고 다른 데로 넘어가는 자는 절도며 강도요 2 문
으로 들어가는 이는 양의 목자라 3 문지기는 그를 위하여 문을 열고 양은 그의 음성을 듣나니 그가 자기 양의 이름을 각각 불러 인도
하여 내느니라 4 자기 양을 다 내놓은 후에 앞서 가면 양들이 그의 음성을 아는 고로 따라오되 5 타인의 음성은 알지 못하는 고로
타인을 따르지 아니하고 도리어 도망하느니라 6 예수께서 이 비유로 그들에게 말씀하셨으나 그들은 그가 하신 말씀이 무엇인지 알
지 못하니라 7 그러므로 예수께서 다시 이르시되 내가 진실로 진실로 너희에게 말하노니 나는 양의 문이라 8 나보다 먼저 온 자는
다 절도요 강도니 양들이 듣지 아니하였느니라 9 내가 문이니 누구든지 나로 말미암아 들어가면 구원을 받고 또는 들어가며 나오며
꼴을 얻으리라

1 2 3 4 5 6 7 8 9 **10** 11 12 13 14 15 16 17 18 19 20 21

DATE . . .

10 The thief comes only to steal and kill and destroy; I have come that they may have life, and have it to the full.

11 "I am the good shepherd. The good shepherd lays down his life for the sheep.

12 The hired hand is not the shepherd and does not own the sheep. So when he sees the wolf coming, he abandons the sheep and runs away. Then the wolf attacks the flock and scatters it.

13 The man runs away because he is a hired hand and cares nothing for the sheep.

14 "I am the good shepherd; I know my sheep and my sheep know me—

15 just as the Father knows me and I know the Father—and I lay down my life for the sheep.

16 I have other sheep that are not of this sheep pen. I must bring them also. They too will listen to my voice, and there shall be one flock and one shepherd.

17 The reason my Father loves me is that I lay down my life—only to take it up again.

18 No one takes it from me, but I lay it down of my own accord. I have authority to lay it down and authority to take it up again. This command I received from my Father."

19 The Jews who heard these words were again divided.

10 도둑이 오는 것은 도둑질하고 죽이고 멸망시키려는 것뿐이요 내가 온 것은 양으로 생명을 얻게 하고 더 풍성히 얻게 하려는 것이
라 11 나는 선한 목자라 선한 목자는 양들을 위하여 목숨을 버리거니와 12 삯꾼은 목자가 아니요 양도 제 양이 아니라 이리가 오
는 것을 보면 양을 버리고 달아나나니 이리가 양을 물어 가고 또 헤치느니라 13 달아나는 것은 그가 삯꾼인 까닭에 양을 돌보지 아
니함이나 14 나는 선한 목자라 나는 내 양을 알고 양도 나를 아는 것이 15 아버지께서 나를 아시고 내가 아버지를 아는 것 같으니
나는 양을 위하여 목숨을 버리노라 16 또 이 우리에 들지 아니한 다른 양들이 내게 있어 내가 인도하여야 할 터이니 그들도 내 음성
을 듣고 한 무리가 되어 한 목자에게 있으리라 17 내가 내 목숨을 버리는 것은 그것을 내가 다시 얻기 위함이니 이로 말미암아 아버
지께서 나를 사랑하시느니라 18 이를 내게서 빼앗는 자가 있는 것이 아니라 내가 스스로 버리노라 나는 버릴 권세도 있고 다시 얻
을 권세도 있으니 이 계명은 내 아버지에게서 받았노라 하시니라 19 이 말씀으로 말미암아 유대인 중에 다시 분쟁이 일어나니

1 2 3 4 5 6 7 8 9 **10** 11 12 13 14 15 16 17 18 19 20 21

DATE . . .

20 Many of them said, "He is demon-possessed and raving mad. Why listen to him?"

21 But others said, "These are not the sayings of a man possessed by a demon. Can a demon open the eyes of the blind?"

Further Conflict Over Jesus' Claims

22 Then came the Festival of Dedication at Jerusalem. It was winter,

23 and Jesus was in the temple courts walking in Solomon's Colonnade.

24 The Jews who were there gathered around him, saying, "How long will you keep us in suspense? If you are the Messiah, tell us plainly."

25 Jesus answered, "I did tell you, but you do not believe. The works I do in my Father's name testify about me,

26 but you do not believe because you are not my sheep.

27 My sheep listen to my voice; I know them, and they follow me.

28 I give them eternal life, and they shall never perish; no one will snatch them out of my hand.

29 My Father, who has given them to me, is greater than all; no one can snatch them out of my Father's hand.

30 I and the Father are one."

31 Again his Jewish opponents picked up stones to stone him,

20 그 중에 많은 사람이 말하되 그가 귀신 들려 미쳤거늘 어찌하여 그 말을 듣느냐 하며 21 어떤 사람은 말하되 이 말은 귀신 들린
자의 말이 아니라 귀신이 맹인의 눈을 뜨게 할 수 있느냐 하더라 22 예루살렘에 수전절이 이르니 때는 겨울이라 23 예수께서 성전
안 솔로몬 행각에서 거니시니 24 유대인들이 에워싸고 이르되 당신이 언제까지나 우리 마음을 의혹하게 하려 하나이까 그리스도
이면 밝히 말씀하소서 하니 25 예수께서 대답하시되 내가 너희에게 말하였으되 믿지 아니하는도다 내가 내 아버지의 이름으로 행
하는 일들이 나를 증거하는 것이거늘 26 너희가 내 양이 아니므로 믿지 아니하는도다 27 내 양은 내 음성을 들으며 나는 그들을
알며 그들은 나를 따르느니라 28 내가 그들에게 영생을 주노니 영원히 멸망하지 아니할 것이요 또 그들을 내 손에서 빼앗을 자가
없느니라 29 그들을 주신 내 아버지는 만물보다 크시매 아무도 아버지 손에서 빼앗을 수 없느니라 30 나와 아버지는 하나이니라
하신대 31 유대인들이 다시 돌을 들어 치려 하거늘

1 2 3 4 5 6 7 8 9 **10** 11 12 13 14 15 16 17 18 19 20 21

32 but Jesus said to them, "I have shown you many good works
from the Father. For which of these do you stone me?"
33 "We are not stoning you for any good work," they replied, "but
for blasphemy, because you, a mere man, claim to be God."
34 Jesus answered them, "Is it not written in your Law, 'I have said
you are "gods" '?
35 If he called them 'gods,' to whom the word of God came—and
Scripture cannot be set aside—
36 what about the one whom the Father set apart as his very
own and sent into the world? Why then do you accuse me of
blasphemy because I said, 'I am God's Son'?
37 Do not believe me unless I do the works of my Father.
38 But if I do them, even though you do not believe me, believe
the works, that you may know and understand that the Father
is in me, and I in the Father."
39 Again they tried to seize him, but he escaped their grasp.
40 Then Jesus went back across the Jordan to the place where
John had been baptizing in the early days. There he stayed,
41 and many people came to him. They said, "Though John never
performed a sign, all that John said about this man was true."
42 And in that place many believed in Jesus.

32 예수께서 대답하시되 내가 아버지로 말미암아 여러 가지 선한 일로 너희에게 보였거늘 그 중에 어떤 일로 나를 돌로 치려 하느냐
33 유대인들이 대답하되 선한 일로 말미암아 우리가 너를 돌로 치려는 것이 아니라 신성모독으로 인함이니 네가 사람이 되어 자칭
하나님이라 함이로라 34 예수께서 이르시되 너희 율법에 기록된 바 내가 너희를 신이라 하였노라 하지 아니하였느냐 35 성경은
폐하지 못하나니 하나님의 말씀을 받은 사람들을 신이라 하셨거든 36 하물며 아버지께서 거룩하게 하사 세상에 보내신 자가 나는
하나님의 아들이라 하는 것으로 너희가 어찌 신성모독이라 하느냐 37 만일 내가 내 아버지의 일을 행하지 아니하거든 나를 믿지
말려니와 38 내가 행하거든 나를 믿지 아니할지라도 그 일은 믿으라 그러면 너희가 아버지께서 내 안에 계시고 내가 아버지 안에
있음을 깨달아 알리라 하시니 39 그들이 다시 예수를 잡고자 하였으나 그 손에서 벗어나 나가시니라 40 다시 요단 강 저편 요한이
처음으로 세례 베풀던 곳에 가사 거기 거하시니 41 많은 사람이 왔다가 말하되 요한은 아무 표적도 행하지 아니하였으나 요한이
이 사람을 가리켜 말한 것은 다 참이라 하더라 42 그리하여 거기서 많은 사람이 예수를 믿으니라

1 2 3 4 5 6 7 8 9 **10** 11 12 13 14 15 16 17 18 19 20 21

DATE . . .

미리보는 어휘

11장

village 마을
sickness 질병, 아픔
stumble 비틀거리다
comfort 위로하다
resurrection 부활
mourn 애도하다
suppose 생각하다
weep 울다
tomb 무덤
entrance 입구
odor 냄새
accomplish 성취하다
prophesy 예언하다
fall at one's feet : 발치에 엎드리다
speak up : 큰 소리로 말하다

12장

expensive 비싼
fragrance 향기
perfume 향수
object 반발하다
burial 매장
palm 종려나무
branch 가지
colt 망아지
spread 퍼뜨리다
request 요구
kernel (쌀, 보리 등의) 낟알
seed 씨앗
trouble 고통을 주다
thunder 천둥치다
darkness 어둠
overtake 덮치다
presence 면전
elsewhere 다른 곳에서

13장

progress 진전, 진행
prompt 자극하다
messenger 사자
refer 가리키다
greater …보다 큰
share 나누다
passage 구절
recline 기대다
dip 적시다
charge 책임
rooster 수탉
disown 부인하다
set an example 모범을 보이다
motion to... : …에게 몸짓으로 신호하
enter into... : …에 들어가다

PART 3

11-15

14장

prepare 준비하다
evidence 증거
at least 적어도
advocate 지지하다
orphan 고아
before long 오래지 않아
anymore 더 이상
obey 지키다
remind 기억나게 하다
peace 평화
go away 떠나다
exactly 정확히
belong to... : …에 속하다
much more : 더구나

15장

vine 포도나무
gardener 정원사
prune 가지치다
fruitful 열매가 풍성한
unless …가 아닌 한
remain 남다
complete 완전한
master 주인
business 일
instead 그 대신에
treat 대우하다
choose 선택하다
appoint 임명하다
be guilty 죄가 있다
apart from... : …를 떠나

John
11

The Death of Lazarus

1 Now a man named Lazarus was sick. He was from Bethany, the village of Mary and her sister Martha.

2 (This Mary, whose brother Lazarus now lay sick, was the same one who poured perfume on the Lord and wiped his feet with her hair.)

3 So the sisters sent word to Jesus, "Lord, the one you love is sick."

4 When he heard this, Jesus said, "This sickness will not end in death. No, it is for God's glory so that God's Son may be glorified through it."

5 Now Jesus loved Martha and her sister and Lazarus.

6 So when he heard that Lazarus was sick, he stayed where he was two more days,

7 and then he said to his disciples, "Let us go back to Judea."

8 "But Rabbi," they said, "a short while ago the Jews there tried to stone you, and yet you are going back?"

9 Jesus answered, "Are there not twelve hours of daylight? Anyone who walks in the daytime will not stumble, for they see by this world's light.

1 어떤 병자가 있으니 이는 마리아와 그 자매 마르다의 마을 베다니에 사는 나사로라
2 이 마리아는 향유를 주께 붓고 머리털로 주
의 발을 닦던 자요 병든 나사로는 그의 오라버니더라
3 이에 그 누이들이 예수께 사람을 보내어 이르되 주여 보시옵소서 사랑하시
는 자가 병들었나이다 하니
4 예수께서 들으시고 이르시되 이 병은 죽을 병이 아니라 하나님의 영광을 위함이요 하나님의 아들이
이로 말미암아 영광을 받게 하려 함이라 하시더라
5 예수께서 본래 마르다와 그 동생과 나사로를 사랑하시더니
6 나사로가 병들
었다 함을 들으시고 그 계시던 곳에 이틀을 더 유하시고
7 그 후에 제자들에게 이르시되 유대로 다시 가자 하시니
8 제자들이 말
하되 랍비여 방금도 유대인들이 돌로 치려 하였는데 또 그리로 가시려 하나이까
9 예수께서 대답하시되 낮이 열두 시간이 아니냐
사람이 낮에 다니면 이 세상의 빛을 보므로 실족하지 아니하고

10 It is when a person walks at night that they stumble, for they have no light."

11 After he had said this, he went on to tell them, "Our friend Lazarus has fallen asleep; but I am going there to wake him up."

12 His disciples replied, "Lord, if he sleeps, he will get better."

13 Jesus had been speaking of his death, but his disciples thought he meant natural sleep.

14 So then he told them plainly, "Lazarus is dead,

15 and for your sake I am glad I was not there, so that you may believe. But let us go to him."

16 Then Thomas (also known as Didymus) said to the rest of the disciples, "Let us also go, that we may die with him."

Jesus Comforts the Sisters of Lazarus

17 On his arrival, Jesus found that Lazarus had already been in the tomb for four days.

18 Now Bethany was less than two miles from Jerusalem,

19 and many Jews had come to Martha and Mary to comfort them in the loss of their brother.

20 When Martha heard that Jesus was coming, she went out to meet him, but Mary stayed at home.

21 "Lord," Martha said to Jesus, "if you had been here, my brother would not have died.

10 밤에 다니면 빛이 그 사람 안에 없는 고로 실족하느니라 11 이 말씀을 하신 후에 또 이르시되 우리 친구 나사로가 잠들었도다
그러나 내가 깨우러 가노라 12 제자들이 이르되 주여 잠들었으면 낫겠나이다 하더라 13 예수는 그의 죽음을 가리켜 말씀하신 것
이나 그들은 잠들어 쉬는 것을 가리켜 말씀하심인 줄 생각하는지라 14 이에 예수께서 밝히 이르시되 나사로가 죽었느니라 15 내
가 거기 있지 아니한 것을 너희를 위하여 기뻐하노니 이는 너희로 믿게 하려 함이라 그러나 그에게로 가자 하시니 16 디두모라고도
하는 도마가 다른 제자들에게 말하되 우리도 주와 함께 죽으러 가자 하니라 17 예수께서 와서 보시니 나사로가 무덤에 있은 지 이
미 나흘이라 18 베다니는 예루살렘에서 가깝기가 한 오 리쯤 되매 19 많은 유대인이 마르다와 마리아에게 그 오라비의 일로 위문
하러 왔더니 20 마르다는 예수께서 오신다는 말을 듣고 곧 나가 맞이하되 마리아는 집에 앉았더라 21 마르다가 예수께 여짜오되
주께서 여기 계셨더라면 내 오라버니가 죽지 아니하였겠나이다라

1 2 3 4 5 6 7 8 9 10 **11** 12 13 14 15 16 17 18 19 20 21

DATE . . .

22 But I know that even now God will give you whatever you ask."

23 Jesus said to her, "Your brother will rise again."

24 Martha answered, "I know he will rise again in the resurrection
at the last day."

25 Jesus said to her, "I am the resurrection and the life. The one
who believes in me will live, even though they die;

26 and whoever lives by believing in me will never die. Do you
believe this?"

27 "Yes, Lord," she replied, "I believe that you are the Messiah,
the Son of God, who is to come into the world."

28 After she had said this, she went back and called her sister
Mary aside. "The Teacher is here," she said, "and is asking for
you."

29 When Mary heard this, she got up quickly and went to him.

30 Now Jesus had not yet entered the village, but was still at the
place where Martha had met him.

31 When the Jews who had been with Mary in the house,
comforting her, noticed how quickly she got up and went out,
they followed her, supposing she was going to the tomb to
mourn there.

32 When Mary reached the place where Jesus was and saw him,
she fell at his feet and said, "Lord, if you had been here, my
brother would not have died."

22 그러나 나는 이제라도 주께서 무엇이든지 하나님께 구하시는 것을 하나님이 주실 줄을 아나이다 23 예수께서 이르시되 네 오
라비가 다시 살아나리라 24 마르다가 이르되 마지막 날 부활 때에는 다시 살아날 줄을 내가 아나이다 25 예수께서 이르시되 나
는 부활이요 생명이니 나를 믿는 자는 죽어도 살겠고 26 무릇 살아서 나를 믿는 자는 영원히 죽지 아니하리니 이것을 네가 믿느냐
27 이르되 주여 그러하외다 주는 그리스도시요 세상에 오시는 하나님의 아들이신 줄 내가 믿나이다 28 이 말을 하고 돌아가서 가
만히 그 자매 마리아를 불러 말하되 선생님이 오셔서 너를 부르신다 하니 29 마리아가 이 말을 듣고 급히 일어나 예수께 나아가매
30 예수는 아직 마을로 들어오지 아니하시고 마르다가 맞이했던 곳에 그대로 계시더라 31 마리아와 함께 집에 있어 위로하던 유
대인들은 그가 급히 일어나 나가는 것을 보고 곡하러 무덤에 가는 줄로 생각하고 따라가더니 32 마리아가 예수 계신 곳에 가서
뵈옵고 그 발 앞에 엎드리어 이르되 주께서 여기 계셨더라면 내 오라버니가 죽지 아니하였겠나이다 하더라

DATE . . .

33 When Jesus saw her weeping, and the Jews who had come along with her also weeping, he was deeply moved in spirit and troubled.

34 "Where have you laid him?" he asked. "Come and see, Lord," they replied.

35 Jesus wept.

36 Then the Jews said, "See how he loved him!"

37 But some of them said, "Could not he who opened the eyes of the blind man have kept this man from dying?"

Jesus Raises Lazarus From the Dead

38 Jesus, once more deeply moved, came to the tomb. It was a cave with a stone laid across the entrance.

39 "Take away the stone," he said. "But, Lord," said Martha, the sister of the dead man, "by this time there is a bad odor, for he has been there four days."

40 Then Jesus said, "Did I not tell you that if you believe, you will see the glory of God?"

41 So they took away the stone. Then Jesus looked up and said, "Father, I thank you that you have heard me.

42 I knew that you always hear me, but I said this for the benefit of the people standing here, that they may believe that you sent me."

33 예수께서 그가 우는 것과 또 함께 온 유대인들이 우는 것을 보시고 심령에 비통히 여기시고 불쌍히 여기사 34 이르시되 그를
어디 두었느냐 이르되 주여 와서 보옵소서 하니 35 예수께서 눈물을 흘리시더라 36 이에 유대인들이 말하되 보라 그를 얼마나 사
랑하셨는가 하며 37 그 중 어떤 이는 말하되 맹인의 눈을 뜨게 한 이 사람이 그 사람은 죽지 않게 할 수 없었더냐 하더라 38 이에
예수께서 다시 속으로 비통히 여기시며 무덤에 가시니 무덤이 굴이라 돌로 막았거늘 39 예수께서 이르시되 돌을 옮겨 놓으라 하시
니 그 죽은 자의 누이 마르다가 이르되 주여 죽은 지가 나흘이 되었으매 벌써 냄새가 나나이다 40 예수께서 이르시되 내 말이 네가
믿으면 하나님의 영광을 보리라 하지 아니하였느냐 하시니 41 돌을 옮겨 놓으니 예수께서 눈을 들어 우러러 보시고 이르시되 아버
지여 내 말을 들으신 것을 감사하나이다 42 항상 내 말을 들으시는 줄을 내가 알았나이다 그러나 이 말씀 하옵는 것은 둘러선 무리
를 위함이니 곧 아버지께서 나를 보내신 것을 그들로 믿게 하려 함이니이다

DATE . . .

43 When he had said this, Jesus called in a loud voice, "Lazarus, come out!"

44 The dead man came out, his hands and feet wrapped with strips of linen, and a cloth around his face. Jesus said to them, "Take off the grave clothes and let him go."

The Plot to Kill Jesus

45 Therefore many of the Jews who had come to visit Mary, and had seen what Jesus did, believed in him.

46 But some of them went to the Pharisees and told them what Jesus had done.

47 Then the chief priests and the Pharisees called a meeting of the Sanhedrin. "What are we accomplishing?" they asked. "Here is this man performing many signs.

48 If we let him go on like this, everyone will believe in him, and then the Romans will come and take away both our temple and our nation."

49 Then one of them, named Caiaphas, who was high priest that year, spoke up, "You know nothing at all!

50 You do not realize that it is better for you that one man die for the people than that the whole nation perish."

51 He did not say this on his own, but as high priest that year he prophesied that Jesus would die for the Jewish nation,

43 이 말씀을 하시고 큰 소리로 나사로야 나오라 부르시니 44 죽은 자가 수족을 베로 동인 채로 나오는데 그 얼굴은 수건에 싸였더
라 예수께서 이르시되 풀어 놓아 다니게 하라 하시니라 45 마리아에게 와서 예수께서 하신 일을 본 많은 유대인이 그를 믿었으나
46 그 중에 어떤 자는 바리새인들에게 가서 예수께서 하신 일을 알리니라 47 이에 대제사장들과 바리새인들이 공회를 모으고 이
르되 이 사람이 많은 표적을 행하니 우리가 어떻게 하겠느냐 48 만일 그를 이대로 두면 모든 사람이 그를 믿을 것이요 그리고 로마
인들이 와서 우리 땅과 민족을 빼앗아 가리라 하니 49 그 중의 한 사람 그 해의 대제사장인 가야바가 그들에게 말하되 너희가 아무
것도 알지 못하는도다 50 한 사람이 백성을 위하여 죽어서 온 민족이 망하지 않게 되는 것이 너희에게 유익한 줄을 생각하지 아니
하는도다 하였으니 51 이 말은 스스로 함이 아니요 그 해의 대제사장이므로 예수께서 그 민족을 위하시고

1 2 3 4 5 6 7 8 9 10 11 12 13 14 15 16 17 18 19 20 21

DATE . . .

52 and not only for that nation but also for the scattered children of God, to bring them together and make them one.

53 So from that day on they plotted to take his life.

54 Therefore Jesus no longer moved about publicly among the people of Judea. Instead he withdrew to a region near the wilderness, to a village called Ephraim, where he stayed with his disciples.

55 When it was almost time for the Jewish Passover, many went up from the country to Jerusalem for their ceremonial cleansing before the Passover.

56 They kept looking for Jesus, and as they stood in the temple courts they asked one another, "What do you think? Isn't he coming to the festival at all?"

57 But the chief priests and the Pharisees had given orders that anyone who found out where Jesus was should report it so that they might arrest him.

52 또 그 민족만 위할 뿐 아니라 흩어진 하나님의 자녀를 모아 하나가 되게 하기 위하여 죽으실 것을 미리 말함이러라 53 이 날부터
는 그들이 예수를 죽이려고 모의하니라 54 그러므로 예수께서 다시 유대인 가운데 드러나게 다니지 아니하시고 거기를 떠나 빈 들
가까운 곳인 에브라임이라는 동네에 가서 제자들과 함께 거기 머무르시니라 55 유대인의 유월절이 가까우매 많은 사람이 자기를
성결하게 하기 위하여 유월절 전에 시골에서 예루살렘으로 올라갔더니 56 그들이 예수를 찾으며 성전에 서서 서로 말하되 너희 생
각에는 어떠하냐 그가 명절에 오지 아니하겠느냐 하니 57 이는 대제사장들과 바리새인들이 누구든지 예수 있는 곳을 알거든 신고
하여 잡게 하라 명령하였음이러라

John

12

Jesus Anointed at Bethany

1 Six days before the Passover, Jesus came to Bethany, where Lazarus lived, whom Jesus had raised from the dead.

2 Here a dinner was given in Jesus' honor. Martha served, while Lazarus was among those reclining at the table with him.

3 Then Mary took about a pint of pure nard, an expensive perfume; she poured it on Jesus' feet and wiped his feet with her hair. And the house was filled with the fragrance of the perfume.

4 But one of his disciples, Judas Iscariot, who was later to betray him, objected,

5 "Why wasn't this perfume sold and the money given to the poor? It was worth a year's wages."

6 He did not say this because he cared about the poor but because he was a thief; as keeper of the money bag, he used to help himself to what was put into it.

7 "Leave her alone," Jesus replied. "It was intended that she should save this perfume for the day of my burial.

8 You will always have the poor among you, but you will not always have me."

1 유월절 엿새 전에 예수께서 베다니에 이르시니 이 곳은 예수께서 죽은 자 가운데서 살리신 나사로가 있는 곳이라 2 거기서 예수
를 위하여 잔치할새 마르다는 일을 하고 나사로는 예수와 함께 앉은 자 중에 있더라 3 마리아는 지극히 비싼 향유 곧 순전한 나드
한 근을 가져다가 예수의 발에 붓고 자기 머리털로 그의 발을 닦으니 향유 냄새가 집에 가득하더라 4 제자 중 하나로서 예수를 잡
아 줄 가룟 유다가 말하되 5 이 향유를 어찌하여 삼백 데나리온에 팔아 가난한 자들에게 주지 아니하였느냐 하니 6 이렇게 말함은
가난한 자들을 생각함이 아니요 그는 도둑이라 돈궤를 맡고 거기 넣는 것을 훔쳐 감이러라 7 예수께서 이르시되 그를 가만 두어 나
의 장례할 날을 위하여 그것을 간직하게 하라 8 가난한 자들은 항상 너희와 함께 있거니와 나는 항상 있지 아니하리라 하시니라

1 2 3 4 5 6 7 8 9 10 11 **12** 13 14 15 16 17 18 19 20 21

9 Meanwhile a large crowd of Jews found out that Jesus was there and came, not only because of him but also to see Lazarus, whom he had raised from the dead.

10 So the chief priests made plans to kill Lazarus as well,

11 for on account of him many of the Jews were going over to Jesus and believing in him.

Jesus Comes to Jerusalem as King

12 The next day the great crowd that had come for the festival heard that Jesus was on his way to Jerusalem.

13 They took palm branches and went out to meet him, shouting, "Hosanna!" "Blessed is he who comes in the name of the Lord!" "Blessed is the king of Israel!"

14 Jesus found a young donkey and sat on it, as it is written:

15 "Do not be afraid, Daughter Zion; see, your king is coming, seated on a donkey's colt."

16 At first his disciples did not understand all this. Only after Jesus was glorified did they realize that these things had been written about him and that these things had been done to him.

17 Now the crowd that was with him when he called Lazarus from the tomb and raised him from the dead continued to spread the word.

18 Many people, because they had heard that he had performed this sign, went out to meet him.

19 So the Pharisees said to one another, "See, this is getting us nowhere. Look how the whole world has gone after him!"

9 유대인의 큰 무리가 예수께서 여기 계신 줄을 알고 오니 이는 예수만 보기 위함이 아니요 죽은 자 가운데서 살리신 나사로도 보
려 함이러라 10 대제사장들이 나사로까지 죽이려고 모의하니 11 나사로 때문에 많은 유대인이 가서 예수를 믿음이러라 12 그 이
튿날에는 명절에 온 큰 무리가 예수께서 예루살렘으로 오신다는 것을 듣고 13 종려나무 가지를 가지고 맞으러 나가 외치되 호산나
찬송하리로다 주의 이름으로 오시는 이 곧 이스라엘의 왕이시여 하더라 14 예수는 한 어린 나귀를 보고 타시니 15 이는 기록된 바
시온 딸아 두려워하지 말라 보라 너의 왕이 나귀 새끼를 타고 오신다 함과 같더라 16 제자들은 처음에 이 일을 깨닫지 못하였다가
예수께서 영광을 얻으신 후에야 이것이 예수께 대하여 기록된 것임과 사람들이 예수께 이같이 한 것임이 생각났더라 17 나사로를
무덤에서 불러내어 죽은 자 가운데서 살리실 때에 함께 있던 무리가 증언한지라 18 이에 무리가 예수를 맞음은 이 표적 행하심을
들었음이러라 19 바리새인들이 서로 말하되 볼지어다 너희 하는 일이 쓸 데 없다 보라 온 세상이 그를 따르는도다 하니라

DATE . . .

Jesus Predicts His Death

20 Now there were some Greeks among those who went up to worship at the festival.

21 They came to Philip, who was from Bethsaida in Galilee, with a request. "Sir," they said, "we would like to see Jesus."

22 Philip went to tell Andrew; Andrew and Philip in turn told Jesus.

23 Jesus replied, "The hour has come for the Son of Man to be glorified.

24 Very truly I tell you, unless a kernel of wheat falls to the ground and dies, it remains only a single seed. But if it dies, it produces many seeds.

25 Anyone who loves their life will lose it, while anyone who hates their life in this world will keep it for eternal life.

26 Whoever serves me must follow me; and where I am, my servant also will be. My Father will honor the one who serves me.

27 "Now my soul is troubled, and what shall I say? 'Father, save me from this hour'? No, it was for this very reason I came to this hour.

28 Father, glorify your name!" Then a voice came from heaven, "I have glorified it, and will glorify it again."

29 The crowd that was there and heard it said it had thundered; others said an angel had spoken to him.

20 명절에 예배하러 올라온 사람 중에 헬라인 몇이 있는데 21 그들이 갈릴리 벳새다 사람 빌립에게 가서 청하여 이르되 선생이여
우리가 예수를 뵈옵고자 하나이다 하니 22 빌립이 안드레에게 가서 말하고 안드레와 빌립이 예수께 가서 여쭈니 23 예수께서 대
답하여 이르시되 인자가 영광을 얻을 때가 왔도다 24 내가 진실로 진실로 너희에게 이르노니 한 알의 밀이 땅에 떨어져 죽지 아니
하면 한 알 그대로 있고 죽으면 많은 열매를 맺느니라 25 자기의 생명을 사랑하는 자는 잃어버릴 것이요 이 세상에서 자기의 생명
을 미워하는 자는 영생하도록 보전하리라 26 사람이 나를 섬기려면 나를 따르라 나 있는 곳에 나를 섬기는 자도 거기 있으리니 사
람이 나를 섬기면 내 아버지께서 그를 귀히 여기시리라 27 지금 내 마음이 괴로우니 무슨 말을 하리요 아버지여 나를 구원하여 이
때를 면하게 하여 주옵소서 그러나 내가 이를 위하여 이 때에 왔나이다 28 아버지여, 아버지의 이름을 영광스럽게 하옵소서 하시
니 이에 하늘에서 소리가 나서 이르되 내가 이미 영광스럽게 하였고 또다시 영광스럽게 하리라 하시니 29 곁에 서서 들은 무리는
천둥이 울었다고도 하며 또 어떤 이들은 천사가 그에게 말하였다고도 하니

1 2 3 4 5 6 7 8 9 10 11 **12** 13 14 15 16 17 18 19 20 21

DATE . . .

30 Jesus said, "This voice was for your benefit, not mine.

31 Now is the time for judgment on this world; now the prince of this world will be driven out.

32 And I, when I am lifted up from the earth, will draw all people to myself."

33 He said this to show the kind of death he was going to die.

34 The crowd spoke up, "We have heard from the Law that the Messiah will remain forever, so how can you say, 'The Son of Man must be lifted up'? Who is this 'Son of Man'?"

35 Then Jesus told them, "You are going to have the light just a little while longer. Walk while you have the light, before darkness overtakes you. Whoever walks in the dark does not know where they are going.

36 Believe in the light while you have the light, so that you may become children of light." When he had finished speaking, Jesus left and hid himself from them.

Belief and Unbelief Among the Jews

37 Even after Jesus had performed so many signs in their presence, they still would not believe in him.

38 This was to fulfill the word of Isaiah the prophet: "Lord, who has believed our message and to whom has the arm of the Lord been revealed?"

39 For this reason they could not believe, because, as Isaiah says elsewhere:

30 예수께서 대답하여 이르시되 이 소리가 난 것은 나를 위한 것이 아니요 너희를 위한 것이니라 **31** 이제 이 세상에 대한 심판이
이르렀으니 이 세상의 임금이 쫓겨나리라 **32** 내가 땅에서 들리면 모든 사람을 내게로 이끌겠노라 하시니 **33** 이렇게 말씀하심은
자기가 어떠한 죽음으로 죽을 것을 보이심이러라 **34** 이에 무리가 대답하되 우리는 율법에서 그리스도가 영원히 계신다 함을 들었
거늘 너는 어찌하여 인자가 들려야 하리라 하느냐 이 인자는 누구냐 **35** 예수께서 이르시되 아직 잠시 동안 빛이 너희 중에 있으니
빛이 있을 동안에 다녀 어둠에 붙잡히지 않게 하라 어둠에 다니는 자는 그 가는 곳을 알지 못하느니라 **36** 너희에게 아직 빛이 있을
동안에 빛을 믿으라 그리하면 빛의 아들이 되리라 예수께서 이 말씀을 하시고 그들을 떠나가서 숨으시니라 **37** 이렇게 많은 표적을
그들 앞에서 행하셨으나 그를 믿지 아니하니 **38** 이는 선지자 이사야의 말씀을 이루려 하심이라 이르되 주여 우리에게서 들은 바
를 누가 믿었으며 주의 팔이 누구에게 나타났나이까 하였더라 **39** 그들이 능히 믿지 못한 것은 이 때문이니 곧 이사야가 다시 일렀
으되

40 "He has blinded their eyes and hardened their hearts, so they can neither see with their eyes, nor understand with their hearts, nor turn—and I would heal them."

41 Isaiah said this because he saw Jesus' glory and spoke about him.

42 Yet at the same time many even among the leaders believed in him. But because of the Pharisees they would not openly acknowledge their faith for fear they would be put out of the synagogue;

43 for they loved human praise more than praise from God.

44 Then Jesus cried out, "Whoever believes in me does not believe in me only, but in the one who sent me.

45 The one who looks at me is seeing the one who sent me.

46 I have come into the world as a light, so that no one who believes in me should stay in darkness.

47 "If anyone hears my words but does not keep them, I do not judge that person. For I did not come to judge the world, but to save the world.

48 There is a judge for the one who rejects me and does not accept my words; the very words I have spoken will condemn them at the last day.

49 For I did not speak on my own, but the Father who sent me commanded me to say all that I have spoken.

50 I know that his command leads to eternal life. So whatever I say is just what the Father has told me to say."

40 그들의 눈을 멀게 하시고 그들의 마음을 완고하게 하셨으니 이는 그들로 하여금 눈으로 보고 마음으로 깨닫고 돌이켜 내게 고
침을 받지 못하게 하려 함이라 하였음이더라 41 이사야가 이렇게 말한 것은 주의 영광을 보고 주를 가리켜 말한 것이라 42 그러나
관리 중에도 그를 믿는 자가 많되 바리새인들 때문에 드러나게 말하지 못하니 이는 출교를 당할까 두려워함이라 43 그들은 사람의
영광을 하나님의 영광보다 더 사랑하였더라 44 예수께서 외쳐 이르시되 나를 믿는 자는 나를 믿는 것이 아니요 나를 보내신 이를
믿는 것이며 45 나를 보는 자는 나를 보내신 이를 보는 것이니라 46 나는 빛으로 세상에 왔나니 무릇 나를 믿는 자로 어둠에 거하
지 않게 하려 함이로라 47 사람이 내 말을 듣고 지키지 아니할지라도 내가 그를 심판하지 아니하노라 내가 온 것은 세상을 심판하
려 함이 아니요 세상을 구원하려 함이로라 48 나를 저버리고 내 말을 받지 아니하는 자를 심판할 이가 있으니 곧 내가 한 그 말이
마지막 날에 그를 심판하리라 49 내가 내 자의로 말한 것이 아니요 나를 보내신 아버지께서 내가 말할 것과 이를 것을 친히 명령하
여 주셨으니 50 나는 그의 명령이 영생인 줄 아노라 그러므로 내가 이르는 것은 내 아버지께서 내게 말씀하신 그대로니라 하시니라

John
13

Jesus Washes His Disciples' Feet

1 It was just before the Passover Festival. Jesus knew that the hour had come for him to leave this world and go to the Father. Having loved his own who were in the world, he loved them to the end.

2 The evening meal was in progress, and the devil had already prompted Judas, the son of Simon Iscariot, to betray Jesus.

3 Jesus knew that the Father had put all things under his power, and that he had come from God and was returning to God;

4 so he got up from the meal, took off his outer clothing, and wrapped a towel around his waist.

5 After that, he poured water into a basin and began to wash his disciples' feet, drying them with the towel that was wrapped around him.

6 He came to Simon Peter, who said to him, "Lord, are you going to wash my feet?"

7 Jesus replied, "You do not realize now what I am doing, but later you will understand."

8 "No," said Peter, "you shall never wash my feet." Jesus answered, "Unless I wash you, you have no part with me."

1 유월절 전에 예수께서 자기가 세상을 떠나 아버지께로 돌아가실 때가 이른 줄 아시고 세상에 있는 자기 사람들을 사랑하시되 끝
까지 사랑하시니라 2 마귀가 벌써 시몬의 아들 가룟 유다의 마음에 예수를 팔려는 생각을 넣었더라 3 저녁 먹는 중 예수는 아버지
께서 모든 것을 자기 손에 맡기신 것과 또 자기가 하나님께로부터 오셨다가 하나님께로 돌아가실 것을 아시고 4 저녁 잡수시던 자
리에서 일어나 겉옷을 벗고 수건을 가져다가 허리에 두르시고 5 이에 대야에 물을 떠서 제자들의 발을 씻으시고 그 두르신 수건으
로 닦기를 시작하여 6 시몬 베드로에게 이르시니 베드로가 이르되 주여 주께서 내 발을 씻으시나이까 7 예수께서 대답하여 이르
시되 내가 하는 것을 네가 지금은 알지 못하나 이 후에는 알리라 8 베드로가 이르되 내 발을 절대로 씻지 못하시리이다 예수께서
대답하시되 내가 너를 씻어 주지 아니하면 네가 나와 상관이 없느니라

1 2 3 4 5 6 7 8 9 10 11 12 **13** 14 15 16 17 18 19 20 21

DATE . . .

9 "Then, Lord," Simon Peter replied, "not just my feet but my hands and my head as well!"

10 Jesus answered, "Those who have had a bath need only to wash their feet; their whole body is clean. And you are clean, though not every one of you."

11 For he knew who was going to betray him, and that was why he said not every one was clean.

12 When he had finished washing their feet, he put on his clothes and returned to his place. "Do you understand what I have done for you?" he asked them.

13 "You call me 'Teacher' and 'Lord,' and rightly so, for that is what I am.

14 Now that I, your Lord and Teacher, have washed your feet, you also should wash one another's feet.

15 I have set you an example that you should do as I have done for you.

16 Very truly I tell you, no servant is greater than his master, nor is a messenger greater than the one who sent him.

17 Now that you know these things, you will be blessed if you do them.

Jesus Predicts His Betrayal

18 "I am not referring to all of you; I know those I have chosen. But this is to fulfill this passage of Scripture: 'He who shared my bread has turned against me.'

9 시몬 베드로가 이르되 주여 내 발뿐 아니라 손과 머리도 씻어 주옵소서 10 예수께서 이르시되 이미 목욕한 자는 발밖에 씻을 필
요가 없느니라 온 몸이 깨끗하니라 너희가 깨끗하나 다는 아니니라 하시니 11 이는 자기를 팔 자가 누구인지 아심이라 그러므로
다는 깨끗하지 아니하다 하시니라 12 그들의 발을 씻으신 후에 옷을 입으시고 다시 앉아 그들에게 이르시되 내가 너희에게 행한
것을 너희가 아느냐 13 너희가 나를 선생이라 또는 주라 하니 너희 말이 옳도다 내가 그러하다 14 내가 주와 또는 선생이 되어 너
희 발을 씻었으니 너희도 서로 발을 씻어 주는 것이 옳으니라 15 내가 너희에게 행한 것 같이 너희도 행하게 하려 하여 본을 보였노
라 16 내가 진실로 진실로 너희에게 이르노니 종이 주인보다 크지 못하고 보냄을 받은 자가 보낸 자보다 크지 못하나니 17 너희가
이것을 알고 행하면 복이 있으리라 18 내가 너희 모두를 가리켜 말하는 것이 아니니라 나는 내가 택한 자들이 누구인지 앎이라 그
러나 내 떡을 먹는 자가 내게 발꿈치를 들었다 한 성경을 응하게 하려는 것이니라

19 "I am telling you now before it happens, so that when it does happen you will believe that I am who I am.

20 Very truly I tell you, whoever accepts anyone I send accepts me; and whoever accepts me accepts the one who sent me."

21 After he had said this, Jesus was troubled in spirit and testified, "Very truly I tell you, one of you is going to betray me."

22 His disciples stared at one another, at a loss to know which of them he meant.

23 One of them, the disciple whom Jesus loved, was reclining next to him.

24 Simon Peter motioned to this disciple and said, "Ask him which one he means."

25 Leaning back against Jesus, he asked him, "Lord, who is it?"

26 Jesus answered, "It is the one to whom I will give this piece of bread when I have dipped it in the dish." Then, dipping the piece of bread, he gave it to Judas, the son of Simon Iscariot.

27 As soon as Judas took the bread, Satan entered into him. So Jesus told him, "What you are about to do, do quickly."

28 But no one at the meal understood why Jesus said this to him.

29 Since Judas had charge of the money, some thought Jesus was telling him to buy what was needed for the festival, or to give something to the poor.

30 As soon as Judas had taken the bread, he went out. And it was night.

19 지금부터 일이 일어나기 전에 미리 너희에게 일러 둠은 일이 일어날 때에 내가 그인 줄 너희가 믿게 하려 함이로라 20 내가 진실
로 진실로 너희에게 이르노니 내가 보낸 자를 영접하는 자는 나를 영접하는 것이요 나를 영접하는 자는 나를 보내신 이를 영접하
는 것이니라 21 예수께서 이 말씀을 하시고 심령이 괴로워 증언하여 이르시되 내가 진실로 진실로 너희에게 이르노니 너희 중 하
나가 나를 팔리라 하시니 22 제자들이 서로 보며 누구에게 대하여 말씀하시는지 의심하더라 23 예수의 제자 중 하나 곧 그가 사
랑하시는 자가 예수의 품에 의지하여 누웠는지라 24 시몬 베드로가 머릿짓을 하여 말하되 말씀하신 자가 누구인지 말하라 하니
25 그가 예수의 가슴에 그대로 의지하여 말하되 주여 누구니이까 26 예수께서 대답하시되 내가 떡 한 조각을 적셔다 주는 자가
그니라 하시고 곧 한 조각을 적셔서 가룟 시몬의 아들 유다에게 주시니 27 조각을 받은 후 곧 사탄이 그 속에 들어간지라 이에 예
수께서 유다에게 이르시되 네가 하는 일을 속히 하라 하시니 28 이 말씀을 무슨 뜻으로 하셨는지 그 앉은 자 중에 아는 자가 없고
29 어떤 이들은 유다가 돈궤를 맡았으므로 명절에 우리가 쓸 물건을 사라 하시는지 혹은 가난한 자들에게 무엇을 주라 하시는 줄
로 생각하더라 30 유다가 그 조각을 받고 곧 나가니 밤이러라

Jesus Predicts Peter's Denial

31 When he was gone, Jesus said, "Now the Son of Man is glorified and God is glorified in him.

32 If God is glorified in him, God will glorify the Son in himself, and will glorify him at once.

33 "My children, I will be with you only a little longer. You will look for me, and just as I told the Jews, so I tell you now: Where I am going, you cannot come.

34 "A new command I give you: Love one another. As I have loved you, so you must love one another.

35 By this everyone will know that you are my disciples, if you love one another."

36 Simon Peter asked him, "Lord, where are you going?" Jesus replied, "Where I am going, you cannot follow now, but you will follow later."

37 Peter asked, "Lord, why can't I follow you now? I will lay down my life for you."

38 Then Jesus answered, "Will you really lay down your life for me? Very truly I tell you, before the rooster crows, you will disown me three times!

31 그가 나간 후에 예수께서 이르시되 지금 인자가 영광을 받았고 하나님도 인자로 말미암아 영광을 받으셨도다 32 만일 하나님이
그로 말미암아 영광을 받으셨으면 하나님도 자기로 말미암아 그에게 영광을 주시리니 곧 주시리라 33 작은 자들아 내가 아직 잠시
너희와 함께 있겠노라 너희가 나를 찾을 것이나 일찍이 내가 유대인들에게 너희는 내가 가는 곳에 올 수 없다고 말한 것과 같이 지
금 너희에게도 이르노라 34 새 계명을 너희에게 주노니 서로 사랑하라 내가 너희를 사랑한 것 같이 너희도 서로 사랑하라 35 너희
가 서로 사랑하면 이로써 모든 사람이 너희가 내 제자인 줄 알리라 36 시몬 베드로가 이르되 주여 어디로 가시나이까 예수께서 대
답하시되 내가 가는 곳에 네가 지금은 따라올 수 없으나 후에는 따라오리라 37 베드로가 이르되 주여 내가 지금은 어찌하여 따라
갈 수 없나이까 주를 위하여 내 목숨을 버리겠나이다 38 예수께서 대답하시되 네가 나를 위하여 네 목숨을 버리겠느냐 내가 진실
로 진실로 네게 이르노니 닭 울기 전에 네가 세 번 나를 부인하리라

John

14

Jesus Comforts His Disciples

1 "Do not let your hearts be troubled. You believe in God; believe also in me.

2 My Father's house has many rooms; if that were not so, would I have told you that I am going there to prepare a place for you?

3 And if I go and prepare a place for you, I will come back and take you to be with me that you also may be where I am.

4 You know the way to the place where I am going."

Jesus the Way to the Father

5 Thomas said to him, "Lord, we don't know where you are going, so how can we know the way?"

6 Jesus answered, "I am the way and the truth and the life. No one comes to the Father except through me.

7 If you really know me, you will know my Father as well. From now on, you do know him and have seen him."

8 Philip said, "Lord, show us the Father and that will be enough for us."

1 너희는 마음에 근심하지 말라 하나님을 믿으니 또 나를 믿으라 2 내 아버지 집에 거할 곳이 많도다 그렇지 않으면 너희에게 일렀
으리라 내가 너희를 위하여 거처를 예비하러 가노니 3 가서 너희를 위하여 거처를 예비하면 내가 다시 와서 너희를 내게로 영접하
여 나 있는 곳에 너희도 있게 하리라 4 내가 어디로 가는지 그 길을 너희가 아느니라 5 도마가 이르되 주여 주께서 어디로 가시는
지 우리가 알지 못하거늘 그 길을 어찌 알겠사옵나이까 6 예수께서 이르시되 내가 곧 길이요 진리요 생명이니 나로 말미암지 않고
는 아버지께로 올 자가 없느니라 7 너희가 나를 알았더라면 내 아버지도 알았으리로다 이제부터는 너희가 그를 알았고 또 보았느
니라 8 빌립이 이르되 주여 아버지를 우리에게 보여 주옵소서 그리하면 족하겠나이다

9 Jesus answered: “Don’t you know me, Philip, even after I have been among you such a long time? Anyone who has seen me has seen the Father. How can you say, ‘Show us the Father’?

10 Don’t you believe that I am in the Father, and that the Father is in me? The words I say to you I do not speak on my own authority. Rather, it is the Father, living in me, who is doing his work.

11 Believe me when I say that I am in the Father and the Father is in me; or at least believe on the evidence of the works themselves.

12 Very truly I tell you, whoever believes in me will do the works I have been doing, and they will do even greater things than these, because I am going to the Father.

13 And I will do whatever you ask in my name, so that the Father may be glorified in the Son.

14 You may ask me for anything in my name, and I will do it.

Jesus Promises the Holy Spirit

15 “If you love me, keep my commands.

16 And I will ask the Father, and he will give you another advocate to help you and be with you forever—

17 the Spirit of truth. The world cannot accept him, because it neither sees him nor knows him. But you know him, for he lives with you and will be in you.

9 예수께서 이르시되 빌립아 내가 이렇게 오래 너희와 함께 있으되 네가 나를 알지 못하느냐 나를 본 자는 아버지를 보았거늘 어찌
하여 아버지를 보이라 하느냐 10 내가 아버지 안에 거하고 아버지는 내 안에 계신 것을 네가 믿지 아니하느냐 내가 너희에게 이르
는 말은 스스로 하는 것이 아니라 아버지께서 내 안에 계셔서 그의 일을 하시는 것이라 11 내가 아버지 안에 거하고 아버지께서 내
안에 계심을 믿으라 그렇지 못하겠거든 행하는 그 일로 말미암아 나를 믿으라 12 내가 진실로 진실로 너희에게 이르노니 나를 믿
는 자는 내가 하는 일을 그도 할 것이요 또한 그보다 큰 일도 하리니 이는 내가 아버지께로 감이라 13 너희가 내 이름으로 무엇을
구하든지 내가 행하리니 이는 아버지로 하여금 아들로 말미암아 영광을 받으시게 하려 함이라 14 내 이름으로 무엇이든지 내게 구
하면 내가 행하리라 15 너희가 나를 사랑하면 나의 계명을 지키리라 16 내가 아버지께 구하겠으니 그가 또 다른 보혜사를 너희에
게 주사 영원토록 너희와 함께 있게 하리니 17 그는 진리의 영이라 세상은 능히 그를 받지 못하나니 이는 그를 보지도 못하고 알지
도 못함이라 그러나 너희는 그를 아나니 그는 너희와 함께 거하심이요 또 너희 속에 계시겠음이라

DATE . . .

18 I will not leave you as orphans; I will come to you.

19 Before long, the world will not see me anymore, but you will see me. Because I live, you also will live.

20 On that day you will realize that I am in my Father, and you are in me, and I am in you.

21 Whoever has my commands and keeps them is the one who loves me. The one who loves me will be loved by my Father, and I too will love them and show myself to them."

22 Then Judas (not Judas Iscariot) said, "But, Lord, why do you intend to show yourself to us and not to the world?"

23 Jesus replied, "Anyone who loves me will obey my teaching. My Father will love them, and we will come to them and make our home with them.

24 Anyone who does not love me will not obey my teaching. These words you hear are not my own; they belong to the Father who sent me.

25 "All this I have spoken while still with you.

26 But the Advocate, the Holy Spirit, whom the Father will send in my name, will teach you all things and will remind you of everything I have said to you.

27 Peace I leave with you; my peace I give you. I do not give to you as the world gives. Do not let your hearts be troubled and do not be afraid.

18 내가 너희를 고아와 같이 버려두지 아니하고 너희에게로 오리라 19 조금 있으면 세상은 다시 나를 보지 못할 것이로되 너희는
나를 보리니 이는 내가 살아 있고 너희도 살아 있겠음이라 20 그 날에는 내가 아버지 안에, 너희가 내 안에, 내가 너희 안에 있는
것을 너희가 알리라 21 나의 계명을 지키는 자라야 나를 사랑하는 자니 나를 사랑하는 자는 내 아버지께 사랑을 받을 것이요 나도
그를 사랑하여 그에게 나를 나타내리라 22 가룟인 아닌 유다가 이르되 주여 어찌하여 자기를 우리에게는 나타내시고 세상에는 아
니하려 하시나이까 23 예수께서 대답하여 이르시되 사람이 나를 사랑하면 내 말을 지키리니 내 아버지께서 그를 사랑하실 것이요
우리가 그에게 가서 거처를 그와 함께 하리라 24 나를 사랑하지 아니하는 자는 내 말을 지키지 아니하나니 너희가 듣는 말은 내 말
이 아니요 나를 보내신 아버지의 말씀이니라 25 내가 아직 너희와 함께 있어서 이 말을 너희에게 하였거니와 26 보혜사 곧 아버지
께서 내 이름으로 보내실 성령 그가 너희에게 모든 것을 가르치고 내가 너희에게 말한 모든 것을 생각나게 하리라 27 평안을 너희
에게 끼치노니 곧 나의 평안을 너희에게 주노라 내가 너희에게 주는 것은 세상이 주는 것과 같지 아니하니라 너희는 마음에 근심하
지도 말고 두려워하지도 말라

28 "You heard me say, 'I am going away and I am coming back to you.' If you loved me, you would be glad that I am going to the Father, for the Father is greater than I.

29 I have told you now before it happens, so that when it does happen you will believe.

30 I will not say much more to you, for the prince of this world is coming. He has no hold over me,

31 but he comes so that the world may learn that I love the Father and do exactly what my Father has commanded me. "Come now; let us leave.

28 내가 갔다가 너희에게로 온다 하는 말을 너희가 들었나니 나를 사랑하였더라면 내가 아버지께로 감을 기뻐하였으리라 아버지
는 나보다 크심이라 29 이제 일이 일어나기 전에 너희에게 말한 것은 일이 일어날 때에 너희로 믿게 하려 함이라 30 이 후에는 내
가 너희와 말을 많이 하지 아니하리니 이 세상의 임금이 오겠음이라 그러나 그는 내게 관계할 것이 없으니 31 오직 내가 아버지를
사랑하는 것과 아버지께서 명하신 대로 행하는 것을 세상이 알게 하려 함이로라 일어나라 여기를 떠나자 하시니라

John

15

The Vine and the Branches

1 "I am the true vine, and my Father is the gardener.

2 He cuts off every branch in me that bears no fruit, while every branch that does bear fruit he prunes so that it will be even more fruitful.

3 You are already clean because of the word I have spoken to you.

4 Remain in me, as I also remain in you. No branch can bear fruit by itself; it must remain in the vine. Neither can you bear fruit unless you remain in me.

5 "I am the vine; you are the branches. If you remain in me and I in you, you will bear much fruit; apart from me you can do nothing.

6 If you do not remain in me, you are like a branch that is thrown away and withers; such branches are picked up, thrown into the fire and burned.

7 If you remain in me and my words remain in you, ask whatever you wish, and it will be done for you.

8 This is to my Father's glory, that you bear much fruit, showing yourselves to be my disciples.

1 나는 참포도나무요 내 아버지는 농부라 2 무릇 내게 붙어 있어 열매를 맺지 아니하는 가지는 아버지께서 그것을 제거해 버리시
고 무릇 열매를 맺는 가지는 더 열매를 맺게 하려 하여 그것을 깨끗하게 하시느니라 3 너희는 내가 일러준 말로 이미 깨끗하여졌으
니 4 내 안에 거하라 나도 너희 안에 거하리라 가지가 포도나무에 붙어 있지 아니하면 스스로 열매를 맺을 수 없음 같이 너희도 내
안에 있지 아니하면 그러하리라 5 나는 포도나무요 너희는 가지라 그가 내 안에, 내가 그 안에 거하면 사람이 열매를 많이 맺나니
나를 떠나서는 너희가 아무 것도 할 수 없음이라 6 사람이 내 안에 거하지 아니하면 가지처럼 밖에 버려져 마르나니 사람들이 그것
을 모아다가 불에 던져 사르느니라 7 너희가 내 안에 거하고 내 말이 너희 안에 거하면 무엇이든지 원하는 대로 구하라 그리하면
이루리라 8 너희가 열매를 많이 맺으면 내 아버지께서 영광을 받으실 것이요 너희는 내 제자가 되리라

9 “As the Father has loved me, so have I loved you. Now remain in my love.

10 If you keep my commands, you will remain in my love, just as I have kept my Father’s commands and remain in his love.

11 I have told you this so that my joy may be in you and that your joy may be complete.

12 My command is this: Love each other as I have loved you.

13 Greater love has no one than this: to lay down one’s life for one’s friends.

14 You are my friends if you do what I command.

15 I no longer call you servants, because a servant does not know his master’s business. Instead, I have called you friends, for everything that I learned from my Father I have made known to you.

16 You did not choose me, but I chose you and appointed you so that you might go and bear fruit—fruit that will last—and so that whatever you ask in my name the Father will give you.

17 This is my command: Love each other.

The World Hates the Disciples

18 “If the world hates you, keep in mind that it hated me first.

19 If you belonged to the world, it would love you as its own. As it is, you do not belong to the world, but I have chosen you out of the world. That is why the world hates you.

9 아버지께서 나를 사랑하신 것 같이 나도 너희를 사랑하였으니 나의 사랑 안에 거하라 10 내가 아버지의 계명을 지켜 그의 사랑
안에 거하는 것 같이 너희도 내 계명을 지키면 내 사랑 안에 거하리라 11 내가 이것을 너희에게 이름은 내 기쁨이 너희 안에 있어
너희 기쁨을 충만하게 하려 함이라 12 내 계명은 곧 내가 너희를 사랑한 것 같이 너희도 서로 사랑하라 하는 이것이니라 13 사람
이 친구를 위하여 자기 목숨을 버리면 이보다 더 큰 사랑이 없나니 14 너희는 내가 명하는 대로 행하면 곧 나의 친구라 15 이제부
터는 너희를 종이라 하지 아니하리니 종은 주인이 하는 것을 알지 못함이라 너희를 친구라 하였노니 내가 내 아버지께 들은 것을
다 너희에게 알게 하였음이라 16 너희가 나를 택한 것이 아니요 내가 너희를 택하여 세웠나니 이는 너희로 가서 열매를 맺게 하고
또 너희 열매가 항상 있게 하여 내 이름으로 아버지께 무엇을 구하든지 다 받게 하려 함이라 17 내가 이것을 너희에게 명함은 너희
로 서로 사랑하게 하려 함이라 18 세상이 너희를 미워하면 너희보다 먼저 나를 미워한 줄을 알라 19 너희가 세상에 속하였으면 세
상이 자기의 것을 사랑할 것이나 너희는 세상에 속한 자가 아니요 도리어 내가 너희를 세상에서 택하였기 때문에 세상이 너희를 미
워하느니라

DATE . . .

20 Remember what I told you: 'A servant is not greater than his master.' If they persecuted me, they will persecute you also. If they obeyed my teaching, they will obey yours also.

21 They will treat you this way because of my name, for they do not know the one who sent me.

22 If I had not come and spoken to them, they would not be guilty of sin; but now they have no excuse for their sin.

23 Whoever hates me hates my Father as well.

24 If I had not done among them the works no one else did, they would not be guilty of sin. As it is, they have seen, and yet they have hated both me and my Father.

25 But this is to fulfill what is written in their Law: 'They hated me without reason.'

The Work of the Holy Spirit

26 "When the Advocate comes, whom I will send to you from the Father—the Spirit of truth who goes out from the Father—he will testify about me.

27 And you also must testify, for you have been with me from the beginning.

20 내가 너희에게 종이 주인보다 더 크지 못하다 한 말을 기억하라 사람들이 나를 박해하였은즉 너희도 박해할 것이요 내 말을 지
켰은즉 너희 말도 지킬 것이라 21 그러나 사람들이 내 이름으로 말미암아 이 모든 일을 너희에게 하리니 이는 나를 보내신 이를 알
지 못함이라 22 내가 와서 그들에게 말하지 아니하였더라면 죄가 없었으려니와 지금은 그 죄를 핑계할 수 없느니라 23 나를 미워
하는 자는 또 내 아버지를 미워하느니라 24 내가 아무도 못한 일을 그들 중에서 하지 아니하였더라면 그들에게 죄가 없었으려니와
지금은 그들이 나와 내 아버지를 보았고 또 미워하였도다 25 그러나 이는 그들의 율법에 기록된 바 그들이 이유 없이 나를 미워하
였다 한 말을 응하게 하려 함이라 26 내가 아버지께로부터 너희에게 보낼 보혜사 곧 아버지께로부터 나오시는 진리의 성령이 오실
때에 그가 나를 증언하실 것이요 27 너희도 처음부터 나와 함께 있었으므로 증언하느니라

미리보는 어휘

16장

fall away 사라지다
service 신을 섬김
grief 비탄
prove 증명하다
righteousness 정의
guide 인도하다
rejoice 즐거워하다
forget 잊다
anguish 고뇌
whatever 무엇이든지
figuratively 비유적으로
language 언어
clearly 분명하게
in fact 사실은
take heart 담대하다
overcome 극복하다

17장

certainty 확실성
through …를 통하여
protect 보호하다
within …의 속에
destruction 멸망
sanctify 봉헌하다
message 메시지, 전언
unity 연합
creation 창조
toward …를 향하여
pray for... : …를 위해서 기도하다
be doomed to... : …하기로 운명지어진
full measure of... : …가 가득 찬

18장

detachment 파견대
torch 횃불
lantern 등불
weapon 무기
traitor 배반자
bound 속박된
father-in-law 장인
advise 충고하다
courtyard 안마당
demand 요구하다
denial 부인, 부정
relative 친척
uncleanness 부정함
criminal 죄인
execute 처형하다
on the other side : 다른 한편에서는
draw back : 뒤로 물러가다

PART 4

16–21

19장

flog 채찍질하다
crucify 십자가에 매달아 죽이다
oppose 거역하다
crucifixion 십자가에 못박음
fasten 붙이다
undergarment 속옷
garment 옷
seamless 솔기 없는
bottom 밑바닥
vinegar 식초
soak 적시다
sponge 해면
hyssop 우슬초
permission 허가
mixture 혼합
myrrh 몰약
twist together : 비틀어 모양을 만들다

20장

remove 옮기다
strip 천 조각
wrap 싸다
linen 리넨, 이마포
separate 분리된
turn toward 방향을 바꾸다
overjoy 매우 기쁘게 하다
breathe 숨 쉬다
forgive 용서하다
mark 자국
nail 못
doubt 의심하다
Messiah 구세주
bend over... : (상반신을) 구부리다
in the presence of... : …가 있는 데서

21장

miraculous 기적적인
appear 나타나다
haul 끌다
burning 타고 있는
climb 오르다
dare 감히 …하다
ashore 물가에
drag 끌어내다
stretch out 뻗다
indicate 암시하다
lean 기대다
supper 저녁
rumor (헛)소문
write down 기록하다
be unable to... : …할 수 없다

John

16

1 “All this I have told you so that you will not fall away.

2 They will put you out of the synagogue; in fact, the time is coming when anyone who kills you will think they are offering a service to God.

3 They will do such things because they have not known the Father or me.

4 I have told you this, so that when their time comes you will remember that I warned you about them. I did not tell you this from the beginning because I was with you,

5 but now I am going to him who sent me. None of you asks me, ‘Where are you going?’

6 Rather, you are filled with grief because I have said these things.

7 But very truly I tell you, it is for your good that I am going away. Unless I go away, the Advocate will not come to you; but if I go, I will send him to you.

8 When he comes, he will prove the world to be in the wrong about sin and righteousness and judgment:

9 about sin, because people do not believe in me;

1 내가 이것을 너희에게 이름은 너희로 실족하지 않게 하려 함이니 2 사람들이 너희를 출교할 뿐 아니라 때가 이르면 무릇 너희를
죽이는 자가 생각하기를 이것이 하나님을 섬기는 일이라 하리라 3 그들이 이런 일을 할 것은 아버지와 나를 알지 못함이라 4 오직
너희에게 이 말을 한 것은 너희로 그 때를 당하면 내가 너희에게 말한 이것을 기억나게 하려 함이요 처음부터 이 말을 하지 아니한 것
은 내가 너희와 함께 있었음이라 5 지금 내가 나를 보내신 이에게로 가는데 너희 중에서 나더러 어디로 가는지 묻는 자가 없고 6 도
리어 내가 이 말을 하므로 너희 마음에 근심이 가득하였도다 7 그러나 내가 너희에게 실상을 말하노니 내가 떠나가는 것이 너희에게
유익이라 내가 떠나가지 아니하면 보혜사가 너희에게로 오시지 아니할 것이요 가면 내가 그를 너희에게로 보내리니 8 그가 와서 죄
에 대하여, 의에 대하여, 심판에 대하여 세상을 책망하시리라 9 죄에 대하여라 함은 그들이 나를 믿지 아니함이요

1 2 3 4 5 6 7 8 9 10 11 12 13 14 15 **16** 17 18 19 20 21

DATE . . .

10 about righteousness, because I am going to the Father, where you can see me no longer;

11 and about judgment, because the prince of this world now stands condemned.

12 "I have much more to say to you, more than you can now bear.

13 But when he, the Spirit of truth, comes, he will guide you into all the truth. He will not speak on his own; he will speak only what he hears, and he will tell you what is yet to come.

14 He will glorify me because it is from me that he will receive what he will make known to you.

15 All that belongs to the Father is mine. That is why I said the Spirit will receive from me what he will make known to you."

The Disciples' Grief Will Turn to Joy

16 Jesus went on to say, "In a little while you will see me no more, and then after a little while you will see me."

17 At this, some of his disciples said to one another, "What does he mean by saying, 'In a little while you will see me no more, and then after a little while you will see me,' and 'Because I am going to the Father'?"

18 They kept asking, "What does he mean by 'a little while'? We don't understand what he is saying."

10 의에 대하여라 함은 내가 아버지께로 가니 너희가 다시 나를 보지 못함이요 11 심판에 대하여라 함은 이 세상 임금이 심판을 받
았음이라 12 내가 아직도 너희에게 이를 것이 많으나 지금은 너희가 감당하지 못하리라 13 그러나 진리의 성령이 오시면 그가 너
희를 모든 진리 가운데로 인도하시리니 그가 스스로 말하지 않고 오직 들은 것을 말하며 장래 일을 너희에게 알리시리라 14 그가
내 영광을 나타내리니 내 것을 가지고 너희에게 알리시겠음이라 15 무릇 아버지께 있는 것은 다 내 것이라 그러므로 내가 말하기
를 그가 내 것을 가지고 너희에게 알리시리라 하였노라 16 조금 있으면 너희가 나를 보지 못하겠고 또 조금 있으면 나를 보리라 하
시니 17 제자 중에서 서로 말하되 우리에게 말씀하신 바 조금 있으면 나를 보지 못하겠고 또 조금 있으면 나를 보리라 하시며 또
내가 아버지께로 감이라 하신 것이 무슨 말씀이냐 하고 18 또 말하되 조금 있으면이라 하신 말씀이 무슨 말씀이냐 무엇을 말씀하
시는지 알지 못하노라 하거늘

19 Jesus saw that they wanted to ask him about this, so he said to them, "Are you asking one another what I meant when I said, 'In a little while you will see me no more, and then after a little while you will see me'?

20 Very truly I tell you, you will weep and mourn while the world rejoices. You will grieve, but your grief will turn to joy.

21 A woman giving birth to a child has pain because her time has come; but when her baby is born she forgets the anguish because of her joy that a child is born into the world.

22 So with you: Now is your time of grief, but I will see you again and you will rejoice, and no one will take away your joy.

23 In that day you will no longer ask me anything. Very truly I tell you, my Father will give you whatever you ask in my name.

24 Until now you have not asked for anything in my name. Ask and you will receive, and your joy will be complete.

25 "Though I have been speaking figuratively, a time is coming when I will no longer use this kind of language but will tell you plainly about my Father.

26 In that day you will ask in my name. I am not saying that I will ask the Father on your behalf.

27 No, the Father himself loves you because you have loved me and have believed that I came from God.

19 예수께서 그 묻고자 함을 아시고 이르시되 내 말이 조금 있으면 나를 보지 못하겠고 또 조금 있으면 나를 보리라 하므로 서로 문
의하느냐 20 내가 진실로 진실로 너희에게 이르노니 너희는 곡하고 애통하겠으나 세상은 기뻐하리라 너희는 근심하겠으나 너희
근심이 도리어 기쁨이 되리라 21 여자가 해산하게 되면 그 때가 이르렀으므로 근심하나 아기를 낳으면 세상에 사람 난 기쁨으로
말미암아 그 고통을 다시 기억하지 아니하느니라 22 지금은 너희가 근심하나 내가 다시 너희를 보리니 너희 마음이 기쁠 것이요
너희 기쁨을 빼앗을 자가 없으리라 23 그 날에는 너희가 아무 것도 내게 묻지 아니하리라 내가 진실로 진실로 너희에게 이르노니
너희가 무엇이든지 아버지께 구하는 것을 내 이름으로 주시리라 24 지금까지는 너희가 내 이름으로 아무 것도 구하지 아니하였으
나 구하라 그리하면 받으리니 너희 기쁨이 충만하리라 25 이것을 비유로 너희에게 일렀거니와 때가 이르면 다시는 비유로 너희에
게 이르지 않고 아버지에 대한 것을 밝히 이르리라 26 그 날에 너희가 내 이름으로 구할 것이요 내가 너희를 위하여 아버지께 구하
겠다 하는 말이 아니니 27 이는 너희가 나를 사랑하고 또 내가 하나님께로부터 온 줄 믿었으므로 아버지께서 친히 너희를 사랑하
심이라

28 I came from the Father and entered the world; now I am leaving the world and going back to the Father."

29 Then Jesus' disciples said, "Now you are speaking clearly and without figures of speech.

30 Now we can see that you know all things and that you do not even need to have anyone ask you questions. This makes us believe that you came from God."

31 "Do you now believe?" Jesus replied.

32 "A time is coming and in fact has come when you will be scattered, each to your own home. You will leave me all alone. Yet I am not alone, for my Father is with me.

33 "I have told you these things, so that in me you may have peace. In this world you will have trouble. But take heart! I have overcome the world."

28 내가 아버지에게서 나와 세상에 왔고 다시 세상을 떠나 아버지께로 가노라 하시니 29 제자들이 말하되 지금은 밝히 말씀하시고
아무 비유로도 하지 아니하시니 30 우리가 지금에야 주께서 모든 것을 아시고 또 사람의 물음을 기다리시지 않는 줄 아나이다 이로
써 하나님께로부터 나오심을 우리가 믿사옵나이다 31 예수께서 대답하시되 이제는 너희가 믿느냐 32 보라 너희가 다 각각 제 곳으
로 흩어지고 나를 혼자 둘 때가 오나니 벌써 왔도다 그러나 내가 혼자 있는 것이 아니라 아버지께서 나와 함께 계시느니라 33 이것
을 너희에게 이르는 것은 너희로 내 안에서 평안을 누리게 하려 함이라 세상에서는 너희가 환난을 당하나 담대하라 내가 세상을 이
기었노라

John

17

Jesus Prays to Be Glorified

1 After Jesus said this, he looked toward heaven and prayed: "Father, the hour has come. Glorify your Son, that your Son may glorify you.

2 For you granted him authority over all people that he might give eternal life to all those you have given him.

3 Now this is eternal life: that they know you, the only true God, and Jesus Christ, whom you have sent.

4 I have brought you glory on earth by finishing the work you gave me to do.

5 And now, Father, glorify me in your presence with the glory I had with you before the world began.

Jesus Prays for His Disciples

6 "I have revealed you to those whom you gave me out of the world. They were yours; you gave them to me and they have obeyed your word.

7 Now they know that everything you have given me comes from you.

1 예수께서 이 말씀을 하시고 눈을 들어 하늘을 우러러 이르시되 아버지여 때가 이르렀사오니 아들을 영화롭게 하사 아들로 아버
지를 영화롭게 하게 하옵소서 2 아버지께서 아들에게 주신 모든 사람에게 영생을 주게 하시려고 만민을 다스리는 권세를 아들에
게 주셨음이로소이다 3 영생은 곧 유일하신 참 하나님과 그가 보내신 자 예수 그리스도를 아는 것이니이다 4 아버지께서 내게 하
라고 주신 일을 내가 이루어 아버지를 이 세상에서 영화롭게 하였사오니 5 아버지여 창세 전에 내가 아버지와 함께 가졌던 영화로
써 지금도 아버지와 함께 나를 영화롭게 하옵소서 6 세상 중에서 내게 주신 사람들에게 내가 아버지의 이름을 나타내었나이다 그
들은 아버지의 것이었는데 내게 주셨으며 그들은 아버지의 말씀을 지키었나이다 7 지금 그들은 아버지께서 내게 주신 것이 다 아
버지로부터 온 것인 줄 알았나이다

DATE . . .

8 For I gave them the words you gave me and they accepted them. They knew with certainty that I came from you, and they believed that you sent me.

9 I pray for them. I am not praying for the world, but for those you have given me, for they are yours.

10 All I have is yours, and all you have is mine. And glory has come to me through them.

11 I will remain in the world no longer, but they are still in the world, and I am coming to you. Holy Father, protect them by the power of your name, the name you gave me, so that they may be one as we are one.

12 While I was with them, I protected them and kept them safe by that name you gave me. None has been lost except the one doomed to destruction so that Scripture would be fulfilled.

13 "I am coming to you now, but I say these things while I am still in the world, so that they may have the full measure of my joy within them.

14 I have given them your word and the world has hated them, for they are not of the world any more than I am of the world.

15 My prayer is not that you take them out of the world but that you protect them from the evil one.

16 They are not of the world, even as I am not of it.

17 Sanctify them by the truth; your word is truth.

8 나는 아버지께서 내게 주신 말씀들을 그들에게 주었사오며 그들은 이것을 받고 내가 아버지께로부터 나온 줄을 참으로 아오며
아버지께서 나를 보내신 줄도 믿었사옵나이다 9 내가 그들을 위하여 비옵나니 내가 비옵는 것은 세상을 위함이 아니요 내게 주신
자들을 위함이니이다 그들은 아버지의 것이로소이다 10 내 것은 다 아버지의 것이요 아버지의 것은 내 것이온데 내가 그들로 말미
암아 영광을 받았나이다 11 나는 세상에 더 있지 아니하오나 그들은 세상에 있사옵고 나는 아버지께로 가옵나니 거룩하신 아버지
여 내게 주신 아버지의 이름으로 그들을 보전하사 우리와 같이 그들도 하나가 되게 하옵소서 12 내가 그들과 함께 있을 때에 내게
주신 아버지의 이름으로 그들을 보전하고 지키었나이다 그 중의 하나도 멸망하지 않고 다만 멸망의 자식뿐이오니 이는 성경을 응
하게 함이니이다 13 지금 내가 아버지께로 가오니 내가 세상에서 이 말을 하옵는 것은 그들로 내 기쁨을 그들 안에 충만히 가지게
하려 함이니이다 14 내가 아버지의 말씀을 그들에게 주었사오매 세상이 그들을 미워하였사오니 이는 내가 세상에 속하지 아니함
같이 그들도 세상에 속하지 아니함으로 인함이니이다 15 내가 비옵는 것은 그들을 세상에서 데려가시기를 위함이 아니요 다만 악
에 빠지지 않게 보전하시기를 위함이니이다 16 내가 세상에 속하지 아니함 같이 그들도 세상에 속하지 아니하였사옵나이다 17 그
들을 진리로 거룩하게 하옵소서 아버지의 말씀은 진리니이다

DATE . . .

18 As you sent me into the world, I have sent them into the world.

19 For them I sanctify myself, that they too may be truly sanctified.

Jesus Prays for All Believers

20 "My prayer is not for them alone. I pray also for those who will believe in me through their message,

21 that all of them may be one, Father, just as you are in me and I am in you. May they also be in us so that the world may believe that you have sent me.

22 I have given them the glory that you gave me, that they may be one as we are one—

23 I in them and you in me—so that they may be brought to complete unity. Then the world will know that you sent me and have loved them even as you have loved me.

24 "Father, I want those you have given me to be with me where I am, and to see my glory, the glory you have given me because you loved me before the creation of the world.

25 "Righteous Father, though the world does not know you, I know you, and they know that you have sent me.

26 I have made you known to them, and will continue to make you known in order that the love you have for me may be in them and that I myself may be in them."

18 아버지께서 나를 세상에 보내신 것 같이 나도 그들을 세상에 보내었고 19 또 그들을 위하여 내가 나를 거룩하게 하오니 이는 그
들도 진리로 거룩함을 얻게 하려 함이니이다 20 내가 비옵는 것은 이 사람들만 위함이 아니요 또 그들의 말로 말미암아 나를 믿는
사람들도 위함이니 21 아버지여, 아버지께서 내 안에, 내가 아버지 안에 있는 것 같이 그들도 다 하나가 되어 우리 안에 있게 하사 세
상으로 아버지께서 나를 보내신 것을 믿게 하옵소서 22 내게 주신 영광을 내가 그들에게 주었사오니 이는 우리가 하나가 된 것 같이
그들도 하나가 되게 하려 함이니이다 23 곧 내가 그들 안에 있고 아버지께서 내 안에 계시어 그들로 온전함을 이루어 하나가 되게
하려 함은 아버지께서 나를 보내신 것과 또 나를 사랑하심 같이 그들도 사랑하신 것을 세상으로 알게 하려 함이로소이다 24 아버지
여 내게 주신 자도 나 있는 곳에 나와 함께 있어 아버지께서 창세 전부터 나를 사랑하시므로 내게 주신 나의 영광을 그들로 보게 하
시기를 원하옵나이다 25 의로우신 아버지여 세상이 아버지를 알지 못하여도 나는 아버지를 알았사옵고 그들도 아버지께서 나를 보
내신 줄 알았사옵나이다 26 내가 아버지의 이름을 그들에게 알게 하였고 또 알게 하리니 이는 나를 사랑하신 사랑이 그들 안에 있
고 나도 그들 안에 있게 하려 함이니이다

John

18

Jesus Arrested

1 When he had finished praying, Jesus left with his disciples and crossed the Kidron Valley. On the other side there was a garden, and he and his disciples went into it.

2 Now Judas, who betrayed him, knew the place, because Jesus had often met there with his disciples.

3 So Judas came to the garden, guiding a detachment of soldiers and some officials from the chief priests and the Pharisees. They were carrying torches, lanterns and weapons.

4 Jesus, knowing all that was going to happen to him, went out and asked them, "Who is it you want?"

5 "Jesus of Nazareth," they replied. "I am he," Jesus said. (And Judas the traitor was standing there with them.)

6 When Jesus said, "I am he," they drew back and fell to the ground.

7 Again he asked them, "Who is it you want?" "Jesus of Nazareth," they said.

8 Jesus answered, "I told you that I am he. If you are looking for me, then let these men go."

9 This happened so that the words he had spoken would be fulfilled: "I have not lost one of those you gave me."

1 예수께서 이 말씀을 하시고 제자들과 함께 기드론 시내 건너편으로 나가시니 그 곳에 동산이 있는데 제자들과 함께 들어가시니라
2 그 곳은 가끔 예수께서 제자들과 모이시는 곳이므로 예수를 파는 유다도 그 곳을 알더라 3 유다가 군대와 대제사장들과 바리새
인들에게서 얻은 아랫사람들을 데리고 등과 횃불과 무기를 가지고 그리로 오는지라 4 예수께서 그 당할 일을 다 아시고 나아가 이
르시되 너희가 누구를 찾느냐 5 대답하되 나사렛 예수라 하거늘 이르시되 내가 그니라 하시니라 그를 파는 유다도 그들과 함께 섰
더라 6 예수께서 그들에게 내가 그니라 하실 때에 그들이 물러가서 땅에 엎드러지는지라 7 이에 다시 누구를 찾느냐고 물으신대 그
들이 말하되 나사렛 예수라 하거늘 8 예수께서 대답하시되 너희에게 내가 그니라 하였으니 나를 찾거든 이 사람들이 가는 것은 용
납하라 하시니 9 이는 아버지께서 내게 주신 자 중에서 하나도 잃지 아니하였사옵나이다 하신 말씀을 응하게 하려 함이러라

10 Then Simon Peter, who had a sword, drew it and struck the high priest's servant, cutting off his right ear. (The servant's name was Malchus.)

11 Jesus commanded Peter, "Put your sword away! Shall I not drink the cup the Father has given me?"

12 Then the detachment of soldiers with its commander and the Jewish officials arrested Jesus. They bound him

13 and brought him first to Annas, who was the father-in-law of Caiaphas, the high priest that year.

14 Caiaphas was the one who had advised the Jewish leaders that it would be good if one man died for the people.

Peter's First Denial

15 Simon Peter and another disciple were following Jesus. Because this disciple was known to the high priest, he went with Jesus into the high priest's courtyard,

16 but Peter had to wait outside at the door. The other disciple, who was known to the high priest, came back, spoke to the servant girl on duty there and brought Peter in.

17 "You aren't one of this man's disciples too, are you?" she asked Peter. He replied, "I am not."

18 It was cold, and the servants and officials stood around a fire they had made to keep warm. Peter also was standing with them, warming himself.

10 이에 시몬 베드로가 칼을 가졌는데 그것을 빼어 대제사장의 종을 쳐서 오른편 귀를 베어버리니 그 종의 이름은 말고라 11 예수
께서 베드로더러 이르시되 칼을 칼집에 꽂으라 아버지께서 주신 잔을 내가 마시지 아니하겠느냐 하시니라 12 이에 군대와 천부장
과 유대인의 아랫사람들이 예수를 잡아 결박하여 13 먼저 안나스에게로 끌고 가니 안나스는 그 해의 대제사장인 가야바의 장인이
라 14 가야바는 유대인들에게 한 사람이 백성을 위하여 죽는 것이 유익하다고 권고하던 자러라 15 시몬 베드로와 또 다른 제자 한
사람이 예수를 따르니 이 제자는 대제사장과 아는 사람이라 예수와 함께 대제사장의 집 뜰에 들어가고 16 베드로는 문 밖에 서 있
는지라 대제사장을 아는 그 다른 제자가 나가서 문 지키는 여자에게 말하여 베드로를 데리고 들어오니 17 문 지키는 여종이 베드
로에게 말하되 너도 이 사람의 제자 중 하나가 아니냐 하니 그가 말하되 나는 아니라 하고 18 그 때가 추운 고로 종과 아랫사람들
이 불을 피우고 서서 쬐니 베드로도 함께 서서 쬐더라

DATE . . .

The High Priest Questions Jesus

19 Meanwhile, the high priest questioned Jesus about his disciples and his teaching.

20 "I have spoken openly to the world," Jesus replied. "I always taught in synagogues or at the temple, where all the Jews come together. I said nothing in secret.

21 Why question me? Ask those who heard me. Surely they know what I said."

22 When Jesus said this, one of the officials nearby slapped him in the face. "Is this the way you answer the high priest?" he demanded.

23 "If I said something wrong," Jesus replied, "testify as to what is wrong. But if I spoke the truth, why did you strike me?"

24 Then Annas sent him bound to Caiaphas the high priest.

Peter's Second and Third Denials

25 Meanwhile, Simon Peter was still standing there warming himself. So they asked him, "You aren't one of his disciples too, are you?" He denied it, saying, "I am not."

26 One of the high priest's servants, a relative of the man whose ear Peter had cut off, challenged him, "Didn't I see you with him in the garden?"

27 Again Peter denied it, and at that moment a rooster began to crow.

19 대제사장이 예수에게 그의 제자들과 그의 교훈에 대하여 물으니 20 예수께서 대답하시되 내가 드러내 놓고 세상에 말하였노라
모든 유대인들이 모이는 회당과 성전에서 항상 가르쳤고 은밀하게는 아무 것도 말하지 아니하였거늘 21 어찌하여 내게 묻느냐 내
가 무슨 말을 하였는지 들은 자들에게 물어 보라 그들이 내가 하던 말을 아느니라 22 이 말씀을 하시매 곁에 섰던 아랫사람 하나가
손으로 예수를 쳐 이르되 네가 대제사장에게 이같이 대답하느냐 하니 23 예수께서 대답하시되 내가 말을 잘못하였으면 그 잘못한
것을 증언하라 바른 말을 하였으면 네가 어찌하여 나를 치느냐 하시더라 24 안나스가 예수를 결박한 그대로 대제사장 가야바에게
보내니라 25 시몬 베드로가 서서 불을 쬐더니 사람들이 묻되 너도 그 제자 중 하나가 아니냐 베드로가 부인하여 이르되 나는 아니
라 하니 26 대제사장의 종 하나는 베드로에게 귀를 잘린 사람의 친척이라 이르되 네가 그 사람과 함께 동산에 있는 것을 내가 보
지 아니하였느냐 27 이에 베드로가 또 부인하니 곧 닭이 울더라

DATE . . .

Jesus Before Pilate

28 Then the Jewish leaders took Jesus from Caiaphas to the palace of the Roman governor. By now it was early morning, and to avoid ceremonial uncleanness they did not enter the palace, because they wanted to be able to eat the Passover.

29 So Pilate came out to them and asked, "What charges are you bringing against this man?"

30 "If he were not a criminal," they replied, "we would not have handed him over to you."

31 Pilate said, "Take him yourselves and judge him by your own law." "But we have no right to execute anyone," they objected.

32 This took place to fulfill what Jesus had said about the kind of death he was going to die.

33 Pilate then went back inside the palace, summoned Jesus and asked him, "Are you the king of the Jews?"

34 "Is that your own idea," Jesus asked, "or did others talk to you about me?"

35 "Am I a Jew?" Pilate replied. "Your own people and chief priests handed you over to me. What is it you have done?"

36 Jesus said, "My kingdom is not of this world. If it were, my servants would fight to prevent my arrest by the Jewish leaders. But now my kingdom is from another place."

28 그들이 예수를 가야바에게서 관정으로 끌고 가니 새벽이라 그들은 더럽힘을 받지 아니하고 유월절 잔치를 먹고자 하여 관정에
들어가지 아니하더라 29 그러므로 빌라도가 밖으로 나가서 그들에게 말하되 너희가 무슨 일로 이 사람을 고발하느냐 30 대답하
여 이르되 이 사람이 행악자가 아니었더라면 우리가 당신에게 넘기지 아니하였겠나이다 31 빌라도가 이르되 너희가 그를 데려다
가 너희 법대로 재판하라 유대인들이 이르되 우리에게는 사람을 죽이는 권한이 없나이다 하니 32 이는 예수께서 자기가 어떠한 죽
음으로 죽을 것을 가리켜 하신 말씀을 응하게 하려 함이러라 33 이에 빌라도가 다시 관정에 들어가 예수를 불러 이르되 네가 유대
인의 왕이냐 34 예수께서 대답하시되 이는 네가 스스로 하는 말이냐 다른 사람들이 나에 대하여 네게 한 말이냐 35 빌라도가 대
답하되 내가 유대인이냐 네 나라 사람과 대제사장들이 너를 내게 넘겼으니 네가 무엇을 하였느냐 36 예수께서 대답하시되 내 나
라는 이 세상에 속한 것이 아니니라 만일 내 나라가 이 세상에 속한 것이었더라면 내 종들이 싸워 나로 유대인들에게 넘겨지지 않
게 하였으리라 이제 내 나라는 여기에 속한 것이 아니니라

37 "You are a king, then!" said Pilate. Jesus answered, "You say that I am a king. In fact, the reason I was born and came into the world is to testify to the truth. Everyone on the side of truth listens to me."

38 "What is truth?" retorted Pilate. With this he went out again to the Jews gathered there and said, "I find no basis for a charge against him.

39 But it is your custom for me to release to you one prisoner at the time of the Passover. Do you want me to release 'the king of the Jews'?"

40 They shouted back, "No, not him! Give us Barabbas!" Now Barabbas had taken part in an uprising.

37 빌라도가 이르되 그러면 네가 왕이 아니냐 예수께서 대답하시되 네 말과 같이 내가 왕이니라 내가 이를 위하여 태어났으며 이를
위하여 세상에 왔나니 곧 진리에 대하여 증언하려 함이로라 무릇 진리에 속한 자는 내 음성을 듣느니라 하신대 38 빌라도가 이르되
진리가 무엇이냐 하더라 이 말을 하고 다시 유대인들에게 나가서 이르되 나는 그에게서 아무 죄도 찾지 못하였노라 39 유월절이면
내가 너희에게 한 사람을 놓아 주는 전례가 있으니 그러면 너희는 내가 유대인의 왕을 너희에게 놓아 주기를 원하느냐 하니 40 그
들이 또 소리 질러 이르되 이 사람이 아니라 바라바라 하니 바라바는 강도였더라

DATE . . .

John

19

Jesus Sentenced to Be Crucified

1 Then Pilate took Jesus and had him flogged.

2 The soldiers twisted together a crown of thorns and put it on his head. They clothed him in a purple robe

3 and went up to him again and again, saying, "Hail, king of the Jews!" And they slapped him in the face.

4 Once more Pilate came out and said to the Jews gathered there, "Look, I am bringing him out to you to let you know that I find no basis for a charge against him."

5 When Jesus came out wearing the crown of thorns and the purple robe, Pilate said to them, "Here is the man!"

6 As soon as the chief priests and their officials saw him, they shouted, "Crucify! Crucify!" But Pilate answered, "You take him and crucify him. As for me, I find no basis for a charge against him."

7 The Jewish leaders insisted, "We have a law, and according to that law he must die, because he claimed to be the Son of God."

8 When Pilate heard this, he was even more afraid,

1 이에 빌라도가 예수를 데려다가 채찍질하더라 2 군인들이 가시나무로 관을 엮어 그의 머리에 씌우고 자색 옷을 입히고 3 앞에
가서 이르되 유대인의 왕이여 평안할지어다 하며 손으로 때리더라 4 빌라도가 다시 밖에 나가 말하되 보라 이 사람을 데리고 너희
에게 나오나니 이는 내가 그에게서 아무 죄도 찾지 못한 것을 너희로 알게 하려 함이로라 하더라 5 이에 예수께서 가시관을 쓰고
자색 옷을 입고 나오시니 빌라도가 그들에게 말하되 보라 이 사람이로다 하매 6 대제사장들과 아랫사람들이 예수를 보고 소리 질
러 이르되 십자가에 못 박으소서 십자가에 못 박으소서 하는지라 빌라도가 이르되 너희가 친히 데려다가 십자가에 못 박으라 나는
그에게서 죄를 찾지 못하였노라 7 유대인들이 대답하되 우리에게 법이 있으니 그 법대로 하면 그가 당연히 죽을 것은 그가 자기를
하나님의 아들이라 함이니이다 8 빌라도가 이 말을 듣고 더욱 두려워하여

9 and he went back inside the palace. "Where do you come
from?" he asked Jesus, but Jesus gave him no answer.

10 "Do you refuse to speak to me?" Pilate said. "Don't you realize
I have power either to free you or to crucify you?"

11 Jesus answered, "You would have no power over me if it were
not given to you from above. Therefore the one who handed
me over to you is guilty of a greater sin."

12 From then on, Pilate tried to set Jesus free, but the Jewish
leaders kept shouting, "If you let this man go, you are no friend
of Caesar. Anyone who claims to be a king opposes Caesar."

13 When Pilate heard this, he brought Jesus out and sat down on
the judge's seat at a place known as the Stone Pavement (which
in Aramaic is Gabbatha).

14 It was the day of Preparation of the Passover; it was about
noon. "Here is your king," Pilate said to the Jews.

15 But they shouted, "Take him away! Take him away! Crucify
him!" "Shall I crucify your king?" Pilate asked. "We have no
king but Caesar," the chief priests answered.

16 Finally Pilate handed him over to them to be crucified. So the
soldiers took charge of Jesus.

The Crucifixion of Jesus

17 Carrying his own cross, he went out to the place of the Skull
(which in Aramaic is called Golgotha).

9 다시 관정에 들어가서 예수께 말하되 너는 어디로부터냐 하되 예수께서 대답하여 주지 아니하시는지라 10 빌라도가 이르되 내
게 말하지 아니하느냐 내가 너를 놓을 권한도 있고 십자가에 못 박을 권한도 있는 줄 알지 못하느냐 11 예수께서 대답하시되 위에
서 주지 아니하셨더라면 나를 해할 권한이 없었으리니 그러므로 나를 네게 넘겨 준 자의 죄는 더 크다 하시니라 12 이러하므로 빌
라도가 예수를 놓으려고 힘썼으나 유대인들이 소리 질러 이르되 이 사람을 놓으면 가이사의 충신이 아니니이다 무릇 자기를 왕이라
하는 자는 가이사를 반역하는 것이니이다 13 빌라도가 이 말을 듣고 예수를 끌고 나가서 돌을 깐 뜰(히브리 말로 가바다)에 있는 재
판석에 앉아 있더라 14 이 날은 유월절의 준비일이요 때는 제육시라 빌라도가 유대인들에게 이르되 보라 너희 왕이로다 15 그들이
소리 지르되 없이 하소서 없이 하소서 그를 십자가에 못 박게 하소서 빌라도가 이르되 내가 너희 왕을 십자가에 못 박으랴 대제사장
들이 대답하되 가이사 외에는 우리에게 왕이 없나이다 하니 16 이에 예수를 십자가에 못 박도록 그들에게 넘겨 주니라 17 그들이
예수를 맡으매 예수께서 자기의 십자가를 지시고 해골(히브리 말로 골고다)이라 하는 곳에 나가시니

18 There they crucified him, and with him two others—one on each side and Jesus in the middle.

19 Pilate had a notice prepared and fastened to the cross. It read: JESUS OF NAZARETH, THE KING OF THE JEWS.

20 Many of the Jews read this sign, for the place where Jesus was crucified was near the city, and the sign was written in Aramaic, Latin and Greek.

21 The chief priests of the Jews protested to Pilate, "Do not write 'The King of the Jews,' but that this man claimed to be king of the Jews."

22 Pilate answered, "What I have written, I have written."

23 When the soldiers crucified Jesus, they took his clothes, dividing them into four shares, one for each of them, with the undergarment remaining. This garment was seamless, woven in one piece from top to bottom.

24 "Let's not tear it," they said to one another. "Let's decide by lot who will get it." This happened that the scripture might be fulfilled that said, "They divided my clothes among them and cast lots for my garment." So this is what the soldiers did.

25 Near the cross of Jesus stood his mother, his mother's sister, Mary the wife of Clopas, and Mary Magdalene.

26 When Jesus saw his mother there, and the disciple whom he loved standing nearby, he said to her, "Woman, here is your son,"

18 그들이 거기서 예수를 십자가에 못 박을새 다른 두 사람도 그와 함께 좌우편에 못 박으니 예수는 가운데 있더라 19 빌라도가 패
를 써서 십자가 위에 붙이니 나사렛 예수 유대인의 왕이라 기록되었더라 20 예수께서 못 박히신 곳이 성에서 가까운 고로 많은 유
대인이 이 패를 읽는데 히브리와 로마와 헬라 말로 기록되었더라 21 유대인의 대제사장들이 빌라도에게 이르되 유대인의 왕이라
쓰지 말고 자칭 유대인의 왕이라 쓰라 하니 22 빌라도가 대답하되 내가 쓸 것을 썼다 하니라 23 군인들이 예수를 십자가에 못 박
고 그의 옷을 취하여 네 깃에 나눠 각각 한 깃씩 얻고 속옷도 취하니 이 속옷은 호지 아니하고 위에서부터 통으로 짠 것이라 24 군
인들이 서로 말하되 이것을 찢지 말고 누가 얻나 제비 뽑자 하니 이는 성경에 그들이 내 옷을 나누고 내 옷을 제비 뽑나이다 한 것을
응하게 하려 함이러라 군인들은 이런 일을 하고 25 예수의 십자가 곁에는 그 어머니와 이모와 글로바의 아내 마리아와 막달라 마
리아가 섰는지라 26 예수께서 자기의 어머니와 사랑하시는 제자가 곁에 서 있는 것을 보시고 자기 어머니께 말씀하시되 여자여 보
소서 아들이니이다 하시고

27 and to the disciple, "Here is your mother." From that time on, this disciple took her into his home.

The Death of Jesus

28 Later, knowing that everything had now been finished, and so that Scripture would be fulfilled, Jesus said, "I am thirsty."

29 A jar of wine vinegar was there, so they soaked a sponge in it, put the sponge on a stalk of the hyssop plant, and lifted it to Jesus' lips.

30 When he had received the drink, Jesus said, "It is finished." With that, he bowed his head and gave up his spirit.

31 Now it was the day of Preparation, and the next day was to be a special Sabbath. Because the Jewish leaders did not want the bodies left on the crosses during the Sabbath, they asked Pilate to have the legs broken and the bodies taken down.

32 The soldiers therefore came and broke the legs of the first man who had been crucified with Jesus, and then those of the other.

33 But when they came to Jesus and found that he was already dead, they did not break his legs.

34 Instead, one of the soldiers pierced Jesus' side with a spear, bringing a sudden flow of blood and water.

35 The man who saw it has given testimony, and his testimony is true. He knows that he tells the truth, and he testifies so that you also may believe.

27 또 그 제자에게 이르시되 보라 네 어머니라 하신대 그 때부터 그 제자가 자기 집에 모시니라 28 그 후에 예수께서 모든 일이 이
미 이루어진 줄 아시고 성경을 응하게 하려 하사 이르시되 내가 목마르다 하시니 29 거기 신 포도주가 가득히 담긴 그릇이 있는지
라 사람들이 신 포도주를 적신 해면을 우슬초에 매어 예수의 입에 대니 30 예수께서 신 포도주를 받으신 후에 이르시되 다 이루었
다 하시고 머리를 숙이니 영혼이 떠나가시니라 31 이 날은 준비일이라 유대인들은 그 안식일이 큰 날이므로 그 안식일에 시체들을
십자가에 두지 아니하려 하여 빌라도에게 그들의 다리를 꺾어 시체를 치워 달라 하니 32 군인들이 가서 예수와 함께 못 박힌 첫째
사람과 또 그 다른 사람의 다리를 꺾고 33 예수께 이르러서는 이미 죽으신 것을 보고 다리를 꺾지 아니하고 34 그 중 한 군인이 창
으로 옆구리를 찌르니 곧 피와 물이 나오더라 35 이를 본 자가 증언하였으니 그 증언이 참이라 그가 자기의 말하는 것이 참인 줄 알
고 너희로 믿게 하려 함이니라

36 These things happened so that the scripture would be fulfilled: "Not one of his bones will be broken,"

37 and, as another scripture says, "They will look on the one they have pierced."

The Burial of Jesus

38 Later, Joseph of Arimathea asked Pilate for the body of Jesus. Now Joseph was a disciple of Jesus, but secretly because he feared the Jewish leaders. With Pilate's permission, he came and took the body away.

39 He was accompanied by Nicodemus, the man who earlier had visited Jesus at night. Nicodemus brought a mixture of myrrh and aloes, about seventy-five pounds.

40 Taking Jesus' body, the two of them wrapped it, with the spices, in strips of linen. This was in accordance with Jewish burial customs.

41 At the place where Jesus was crucified, there was a garden, and in the garden a new tomb, in which no one had ever been laid.

42 Because it was the Jewish day of Preparation and since the tomb was nearby, they laid Jesus there.

36 이 일이 일어난 것은 그 뼈가 하나도 꺾이지 아니하리라 한 성경을 응하게 하려 함이라 37 또 다른 성경에 그들이 그 찌른 자를
보리라 하였느니라 38 아리마대 사람 요셉은 예수의 제자이나 유대인이 두려워 그것을 숨기더니 이 일 후에 빌라도에게 예수의 시
체를 가져가기를 구하매 빌라도가 허락하는지라 이에 가서 예수의 시체를 가져가니라 39 일찍이 예수께 밤에 찾아왔던 니고데모도
몰약과 침향 섞은 것을 백 리트라쯤 가지고 온지라 40 이에 예수의 시체를 가져다가 유대인의 장례 법대로 그 향품과 함께 세마포로
쌌더라 41 예수께서 십자가에 못 박히신 곳에 동산이 있고 동산 안에 아직 사람을 장사한 일이 없는 새 무덤이 있는지라 42 이 날
은 유대인의 준비일이요 또 무덤이 가까운 고로 예수를 거기 두니라

John

20

The Empty Tomb

1 Early on the first day of the week, while it was still dark, Mary Magdalene went to the tomb and saw that the stone had been removed from the entrance.

2 So she came running to Simon Peter and the other disciple, the one Jesus loved, and said, "They have taken the Lord out of the tomb, and we don't know where they have put him!"

3 So Peter and the other disciple started for the tomb.

4 Both were running, but the other disciple outran Peter and reached the tomb first.

5 He bent over and looked in at the strips of linen lying there but did not go in.

6 Then Simon Peter came along behind him and went straight into the tomb. He saw the strips of linen lying there,

7 as well as the cloth that had been wrapped around Jesus' head. The cloth was still lying in its place, separate from the linen.

8 Finally the other disciple, who had reached the tomb first, also went inside. He saw and believed.

9 (They still did not understand from Scripture that Jesus had to rise from the dead.)

1 안식 후 첫날 일찍이 아직 어두울 때에 막달라 마리아가 무덤에 와서 돌이 무덤에서 옮겨진 것을 보고 2 시몬 베드로와 예수께서
사랑하시던 그 다른 제자에게 달려가서 말하되 사람들이 주님을 무덤에서 가져다가 어디 두었는지 우리가 알지 못하겠다 하니 3 베
드로와 그 다른 제자가 나가서 무덤으로 갈새 4 둘이 같이 달음질하더니 그 다른 제자가 베드로보다 더 빨리 달려가서 먼저 무덤에
이르러 5 구부려 세마포 놓인 것을 보았으나 들어가지는 아니하였더니 6 시몬 베드로는 따라와서 무덤에 들어가 보니 세마포가 놓
였고 7 또 머리를 쌌던 수건은 세마포와 함께 놓이지 않고 딴 곳에 쌌던 대로 놓여 있더라 8 그 때에야 무덤에 먼저 갔던 그 다른 제
자도 들어가 보고 믿더라 9 (그들은 성경에 그가 죽은 자 가운데서 다시 살아나야 하리라 하신 말씀을 아직 알지 못하더라)

1 2 3 4 5 6 7 8 9 10 11 12 13 14 15 16 17 18 19 **20** 21

10 Then the disciples went back to where they were staying.

Jesus Appears to Mary Magdalen

11 Now Mary stood outside the tomb crying. As she wept, she bent over to look into the tomb

12 and saw two angels in white, seated where Jesus' body had been, one at the head and the other at the foot.

13 They asked her, "Woman, why are you crying?" "They have taken my Lord away," she said, "and I don't know where they have put him."

14 At this, she turned around and saw Jesus standing there, but she did not realize that it was Jesus.

15 He asked her, "Woman, why are you crying? Who is it you are looking for?" Thinking he was the gardener, she said, "Sir, if you have carried him away, tell me where you have put him, and I will get him."

16 Jesus said to her, "Mary." She turned toward him and cried out in Aramaic, "Rabboni!" (which means "Teacher").

17 Jesus said, "Do not hold on to me, for I have not yet ascended to the Father. Go instead to my brothers and tell them, 'I am ascending to my Father and your Father, to my God and your God.' "

10 이에 두 제자가 자기들의 집으로 돌아가니라 11 마리아는 무덤 밖에 서서 울고 있더니 울면서 구부려 무덤 안을 들여다보
니 12 흰 옷 입은 두 천사가 예수의 시체 뉘었던 곳에 하나는 머리 편에, 하나는 발 편에 앉았더라 13 천사들이 이르되 여자여 어
찌하여 우느냐 이르되 사람들이 내 주님을 옮겨다가 어디 두었는지 내가 알지 못함이니이다 14 이 말을 하고 뒤로 돌이켜 예수께서
서 계신 것을 보았으나 예수이신 줄은 알지 못하더라 15 예수께서 이르시되 여자여 어찌하여 울며 누구를 찾느냐 하시니 마리아
는 그가 동산지기인 줄 알고 이르되 주여 당신이 옮겼거든 어디 두었는지 내게 이르소서 그리하면 내가 가져가리이다 16 예수께서
마리아야 하시거늘 마리아가 돌이켜 히브리 말로 랍오니 하니(이는 선생님이라는 말이라) 17 예수께서 이르시되 나를 붙들지 말라
내가 아직 아버지께로 올라가지 아니하였노라 너는 내 형제들에게 가서 이르되 내가 내 아버지 곧 너희 아버지, 내 하나님 곧 너희
하나님께로 올라간다 하라 하시니

18 Mary Magdalene went to the disciples with the news: "I have seen the Lord!" And she told them that he had said these things to her.

Jesus Appears to His Disciples

19 On the evening of that first day of the week, when the disciples were together, with the doors locked for fear of the Jewish leaders, Jesus came and stood among them and said, "Peace be with you!"

20 After he said this, he showed them his hands and side. The disciples were overjoyed when they saw the Lord.

21 Again Jesus said, "Peace be with you! As the Father has sent me, I am sending you."

22 And with that he breathed on them and said, "Receive the Holy Spirit.

23 If you forgive anyone's sins, their sins are forgiven; if you do not forgive them, they are not forgiven."

Jesus Appears to Thomas

24 Now Thomas (also known as Didymus), one of the Twelve, was not with the disciples when Jesus came.

25 So the other disciples told him, "We have seen the Lord!" But he said to them, "Unless I see the nail marks in his hands and put my finger where the nails were, and put my hand into his side, I will not believe."

18 막달라 마리아가 가서 제자들에게 내가 주를 보았다 하고 또 주께서 자기에게 이렇게 말씀하셨다 이르니라 19 이 날 곧 안식 후
첫날 저녁 때에 제자들이 유대인들을 두려워하여 모인 곳의 문들을 닫았더니 예수께서 오사 가운데 서서 이르시되 너희에게 평강
이 있을지어다 20 이 말씀을 하시고 손과 옆구리를 보이시니 제자들이 주를 보고 기뻐하더라 21 예수께서 또 이르시되 너희에게
평강이 있을지어다 아버지께서 나를 보내신 것 같이 나도 너희를 보내노라 22 이 말씀을 하시고 그들을 향하사 숨을 내쉬며 이르시
되 성령을 받으라 23 너희가 누구의 죄든지 사하면 사하여질 것이요 누구의 죄든지 그대로 두면 그대로 있으리라 하시니라 24 열두
제자 중의 하나로서 디두모라 불리는 도마는 예수께서 오셨을 때에 함께 있지 아니한지라 25 다른 제자들이 그에게 이르되 우리가
주를 보았노라 하니 도마가 이르되 내가 그의 손의 못 자국을 보며 내 손가락을 그 못 자국에 넣으며 내 손을 그 옆구리에 넣어 보지
않고는 믿지 아니하겠노라 하니라

DATE . . .

26 A week later his disciples were in the house again, and Thomas was with them. Though the doors were locked, Jesus came and stood among them and said, "Peace be with you!"

27 Then he said to Thomas, "Put your finger here; see my hands. Reach out your hand and put it into my side. Stop doubting and believe."

28 Thomas said to him, "My Lord and my God!"

29 Then Jesus told him, "Because you have seen me, you have believed; blessed are those who have not seen and yet have believed."

The Purpose of John's Gospel

30 Jesus performed many other signs in the presence of his disciples, which are not recorded in this book.

31 But these are written that you may believe that Jesus is the Messiah, the Son of God, and that by believing you may have life in his name.

26 여드레를 지나서 제자들이 다시 집 안에 있을 때에 도마도 함께 있고 문들이 닫혔는데 예수께서 오사 가운데 서서 이르시되 너희
에게 평강이 있을지어다 하시고 27 도마에게 이르시되 네 손가락을 이리 내밀어 내 손을 보고 네 손을 내밀어 내 옆구리에 넣어 보
라 그리하여 믿음 없는 자가 되지 말고 믿는 자가 되라 28 도마가 대답하여 이르되 나의 주님이시요 나의 하나님이시니이다 29 예
수께서 이르시되 너는 나를 본 고로 믿느냐 보지 못하고 믿는 자들은 복되도다 하시니라 30 예수께서 제자들 앞에서 이 책에 기록
되지 아니한 다른 표적도 많이 행하셨으나 31 오직 이것을 기록함은 너희로 예수께서 하나님의 아들 그리스도이심을 믿게 하려 함
이요 또 너희로 믿고 그 이름을 힘입어 생명을 얻게 하려 함이니라

DATE . . .

John

21

Jesus and the Miraculous Catch of Fish

1 Afterward Jesus appeared again to his disciples, by the Sea of Galilee. It happened this way:

2 Simon Peter, Thomas (also known as Didymus), Nathanael from Cana in Galilee, the sons of Zebedee, and two other disciples were together.

3 "I'm going out to fish," Simon Peter told them, and they said, "We'll go with you." So they went out and got into the boat, but that night they caught nothing.

4 Early in the morning, Jesus stood on the shore, but the disciples did not realize that it was Jesus.

5 He called out to them, "Friends, haven't you any fish?" "No," they answered.

6 He said, "Throw your net on the right side of the boat and you will find some." When they did, they were unable to haul the net in because of the large number of fish.

7 Then the disciple whom Jesus loved said to Peter, "It is the Lord!" As soon as Simon Peter heard him say, "It is the Lord," he wrapped his outer garment around him (for he had taken it off) and jumped into the water.

1 그 후에 예수께서 디베랴 호수에서 또 제자들에게 자기를 나타내셨으니 나타내신 일은 이러하니라 2 시몬 베드로와 디두모라 하
는 도마와 갈릴리 가나 사람 나다나엘과 세베대의 아들들과 또 다른 제자 둘이 함께 있더니 3 시몬 베드로가 나는 물고기 잡으러 가
노라 하니 그들이 우리도 함께 가겠다 하고 나가서 배에 올랐으나 그 날 밤에 아무 것도 잡지 못하였더니 4 날이 새어갈 때에 예수
께서 바닷가에 서셨으나 제자들이 예수이신 줄 알지 못하는지라 5 예수께서 이르시되 얘들아 너희에게 고기가 있느냐 대답하되 없
나이다 6 이르시되 그물을 배 오른편에 던지라 그리하면 잡으리라 하시니 이에 던졌더니 물고기가 많아 그물을 들 수 없더라 7 예
수께서 사랑하시는 그 제자가 베드로에게 이르되 주님이시라 하니 시몬 베드로가 벗고 있다가 주님이라 하는 말을 듣고 겉옷을 두
른 후에 바다로 뛰어 내리더라

8 The other disciples followed in the boat, towing the net full of fish, for they were not far from shore, about a hundred yards.

9 When they landed, they saw a fire of burning coals there with fish on it, and some bread.

10 Jesus said to them, "Bring some of the fish you have just caught."

11 So Simon Peter climbed back into the boat and dragged the net ashore. It was full of large fish, 153, but even with so many the net was not torn.

12 Jesus said to them, "Come and have breakfast." None of the disciples dared ask him, "Who are you?" They knew it was the Lord.

13 Jesus came, took the bread and gave it to them, and did the same with the fish.

14 This was now the third time Jesus appeared to his disciples after he was raised from the dead.

Jesus Reinstates Peter

15 When they had finished eating, Jesus said to Simon Peter, "Simon son of John, do you love me more than these?" "Yes, Lord," he said, "you know that I love you." Jesus said, "Feed my lambs."

8 다른 제자들은 육지에서 거리가 불과 한 오십 칸쯤 되므로 작은 배를 타고 물고기 든 그물을 끌고 와서 9 육지에 올라보니 숯불
이 있는데 그 위에 생선이 놓였고 떡도 있더라 10 예수께서 이르시되 지금 잡은 생선을 좀 가져오라 하시니 11 시몬 베드로가 올
라가서 그물을 육지에 끌어 올리니 가득히 찬 큰 물고기가 백쉰세 마리라 이같이 많으나 그물이 찢어지지 아니하였더라 12 예수께
서 이르시되 와서 조반을 먹으라 하시니 제자들이 주님이신 줄 아는 고로 당신이 누구냐 감히 묻는 자가 없더라 13 예수께서 가셔
서 떡을 가져다가 그들에게 주시고 생선도 그와 같이 하시니라 14 이것은 예수께서 죽은 자 가운데서 살아나신 후에 세 번째로 제
자들에게 나타나신 것이라 15 그들이 조반 먹은 후에 예수께서 시몬 베드로에게 이르시되 요한의 아들 시몬아 네가 이 사람들보
다 나를 더 사랑하느냐 하시니 이르되 주님 그러하나이다 내가 주님을 사랑하는 줄 주님께서 아시나이다 이르시되 내 어린 양을 먹
이라 하시고

DATE . . .

16 Again Jesus said, "Simon son of John, do you truly love me?" He answered, "Yes, Lord, you know that I love you." Jesus said, "Take care of my sheep."

17 The third time he said to him, "Simon son of John, do you love me?" Peter was hurt because Jesus asked him the third time, "Do you love me?" He said, "Lord, you know all things; you know that I love you." Jesus said, "Feed my sheep.

18 Very truly I tell you, when you were younger you dressed yourself and went where you wanted; but when you are old you will stretch out your hands, and someone else will dress you and lead you where you do not want to go."

19 Jesus said this to indicate the kind of death by which Peter would glorify God. Then he said to him, "Follow me!"

20 Peter turned and saw that the disciple whom Jesus loved was following them. (This was the one who had leaned back against Jesus at the supper and had said, "Lord, who is going to betray you?")

21 When Peter saw him, he asked, "Lord, what about him?"

22 Jesus answered, "If I want him to remain alive until I return, what is that to you? You must follow me."

16 또 두 번째 이르시되 요한의 아들 시몬아 네가 나를 사랑하느냐 하시니 이르되 주님 그러하나이다 내가 주님을 사랑하는 줄 주
님께서 아시나이다 이르시되 내 양을 치라 하시고 17 세 번째 이르시되 요한의 아들 시몬아 네가 나를 사랑하느냐 하시니 주께서
세 번째 네가 나를 사랑하느냐 하시므로 베드로가 근심하여 이르되 주님 모든 것을 아시오매 내가 주님을 사랑하는 줄을 주님께서
아시나이다 예수께서 이르시되 내 양을 먹이라 18 내가 진실로 진실로 네게 이르노니 네가 젊어서는 스스로 띠 띠고 원하는 곳으
로 다녔거니와 늙어서는 네 팔을 벌리리니 남이 네게 띠 띠우고 원하지 아니하는 곳으로 데려가리라 19 이 말씀을 하심은 베드로
가 어떠한 죽음으로 하나님께 영광을 돌릴 것을 가리키심이러라 이 말씀을 하시고 베드로에게 이르시되 나를 따르라 하시니 20 베
드로가 돌이켜 예수께서 사랑하시는 그 제자가 따르는 것을 보니 그는 만찬석에서 예수의 품에 의지하여 주님 주님을 파는 자가 누
구오니이까 묻던 자더라 21 이에 베드로가 그를 보고 예수께 여짜오되 주님 이 사람은 어떻게 되겠사옵나이까 22 예수께서 이르
시되 내가 올 때까지 그를 머물게 하고자 할지라도 네게 무슨 상관이냐 너는 나를 따르라 하시더라

1 2 3 4 5 6 7 8 9 10 11 12 13 14 15 16 17 18 19 20 **21**

DATE . . .

23 Because of this, the rumor spread among the believers that this disciple would not die. But Jesus did not say that he would not die; he only said, "If I want him to remain alive until I return, what is that to you?"

24 This is the disciple who testifies to these things and who wrote them down. We know that his testimony is true.

25 Jesus did many other things as well. If every one of them were written down, I suppose that even the whole world would not have room for the books that would be written.

23 이 말씀이 형제들에게 나가서 그 제자는 죽지 아니하겠다 하였으나 예수의 말씀은 그가 죽지 않겠다 하신 것이 아니라 내가 올
때까지 그를 머물게 하고자 할지라도 네게 무슨 상관이냐 하신 것이러라 24 이 일들을 증언하고 이 일들을 기록한 제자가 이 사람
이라 우리는 그의 증언이 참된 줄 아노라 25 예수께서 행하신 일이 이 외에도 많으니 만일 낱낱이 기록된다면 이 세상이라도 이 기
록된 책을 두기에 부족할 줄 아노라

DATE . . .

For God so loved the world that
he gave his one and only Son,
that whoever believes in him shall
not perish but have eternal life.

John 3:16

영어성경
요한복음 필사를 마치며…

영어성경 요한복음을 쓰면서 가장 마음에 와 닿았던 말씀이나
깨달은 점은 무엇인가요?

영어성경 쓰다시리즈 - ❷

영어성경 요한복음.쓰다
JOHN WRITE

펴낸곳 에이프릴지저스
엮은이 에이프릴지저스 편집부

등록번호 제2019-000161호
주소 경기도 고양시 일산서구 주화로180
전화 031-908-3432 팩스 0504-230-0965
이메일 apriljesus2017@gmail.com

ISBN 979-11-90850-86-5 04230,
ISBN 979-11-90850-17-9 04230(set)
값은 뒤표지에 있습니다. 잘못된 책은 바꿔 드립니다.

홈페이지 www.apriljesus.com
인스타그램 instagram.com/apriljesus

에이프릴지저스